美国语言政策研究

A STUDY OF LANGUAGE POLICY IN THE USA

主编 ★ 周玉忠

外语教学与研究出版社
FOREIGN LANGUAGE TEACHING AND RESEARCH PRESS
北京 BEIJING

图书在版编目(CIP)数据

美国语言政策研究:汉、英/ 周玉忠主编. — 北京:外语教学与研究出版社,2011.12 (2012.12 重印)
ISBN 978-7-5135-1603-7

Ⅰ. ①美… Ⅱ. ①周… Ⅲ. ①语言政策—研究—美国—汉、英
Ⅳ. ①H310.1

中国版本图书馆 CIP 数据核字(2011)第 272955 号

出 版 人:蔡剑峰
责任编辑:程　序
封面设计:覃一彪
出版发行:外语教学与研究出版社
社　　址:北京市西三环北路 19 号(100089)
网　　址:http://www.fltrp.com
印　　刷:三河市北燕印装有限公司
开　　本:650×980　1/16
印　　张:13.5
版　　次:2011 年 12 月第 1 版　2012 年 12 月第 3 次印刷
书　　号:ISBN 978-7-5135-1603-7
定　　价:33.90 元

＊　　＊　　＊

购书咨询:(010)88819929　电子邮箱:club@fltrp.com
如有印刷、装订质量问题,请与出版社联系
联系电话:(010)61207896　电子邮箱:zhijian@fltrp.com
制售盗版必究 举报查实奖励
版权保护办公室举报电话:(010)88817519
物料号:216030001

本书为国家社会科学基金西部项目（批准号：06XYY002）研究成果。鉴定等级：优秀

编委会

主　编：周玉忠

编　委：刘艳芬　范玲娟　李文军
　　　　巨　静　朱海燕　王建勤

序

陈章太

　　语言政策是国家制定的关于语言的重要准则和规定，是指导语言选择、使用和协调语言关系、解决语言问题的基本原则和策略，属于行政行为，具有较强的指令性。世界上国家无论大小，一般都会面临各种各样的语言问题，也都会从本国基本国情和语言状况及基本国策出发，制定其语言政策，以保证国家、社会语言生活的正常进行。语言政策是国家基本政策的组成部分，它与政治、经济、文化、科技、民族、宗教和社会关系密切。各个国家的语言政策都具有一定特色，都值得认真研究与互相借鉴。

　　美国是一个多民族、多语言、多文化、多宗教的国家，这与中国相似。但是美国是一个开放、移民国家，其建国历史不长，经济、科技、教育发达，而政治、文化、社会与中国差别较大。美国从本国基本国情和语言等状况以及国家需要出发，制定其语言政策，主要是极力维护英语的地位和权威，排斥其他语言，实行单语主义。但在不同的历史时期，其语言政策略有不同。美国著名社会语言学家、语言规划学奠基者费什曼（S. Fishman）在"美国的语言政策：过去、现在和未来"（1981）一文中指出：美国实行过"语言转变政策"、"语言保持政策"、"语言丰富政策"，也就是以褒扬英语、压制印第安语及其他少数族裔语言的语言同化政策，曾经短暂兴盛过的双语教育政策，双语教育政策与新一轮"唯英语运动"和"美国语言一致性"的单语主义相结合的语言政策。从表面上看，美国过去和现在实行的语言政策取得了不小的成功，对美国英语地位提高、政治统一、社会稳定和国家发展，以及语言传播、文化扩张与对外称霸，发挥了重要作用。但不可忽视的是，美国这种语言政策的实施是付出了代价的，它排斥、削弱、毁灭了本国许多不可再生的印第安语言文化，以及诸多外来少数族裔的语言文化，使得语言文化生活变得枯燥、单调，语言生态脆弱，给语言健康发展和社会持续进步埋下了隐患。这可以从苏联、印度、澳大利亚、加拿大等国家语言政策和语言生活的曲折变化得到印证和启示。其实，美国语言政策的制定者不会不知道，美国这样做是要付出代价的，只不过他们无法摆脱盎格鲁—撒克逊文化的强大影响，同时无力抵挡追求美利坚合众国的统一、强大与称霸世界的强烈欲望。美国语言政策具有一定的普遍性并有鲜明的特色，值得我们全面、深入地研究。我认为，从美国语言政策的成功与失误中，反观我国当今的语言政策，总的看来我们实行的语言基本政策是正确有效的，应当坚持下去，并以强有力的手段维护、发展主体化多样性的和谐的国家语言生活，同时也要很好地研究外国的语言政策，借鉴其成功、有益的经验。

周玉忠教授长期从事外语教学与研究，曾留学美国，研究美国文学、文化与社会语言学。他对应用语言学、社会语言学和语言规划有较多的研究，尤其是对美国的语言文化、语言政策和语言规划的研究较深，研究成果丰硕。我读过他的一些论著，获益良多，深感他学识丰富，语言学功力深厚，有很好的学术素养，是一位博学、严谨的学者。

这次出版的《美国语言政策研究》一书，是周教授新近完成的重要研究成果。我有幸先读本书的书稿，深感本书有以下主要特色和价值：

（1）综合运用语言学、应用语言学、社会语言学、文化学、历史学、民族学等理论方法，对美国语言政策进行多层次、多角度、全方位的考察，研究有相当的广度，分析全面、系统，清楚地论述了美国语言政策的历史、现状及其成因、问题等，并从中总结出带有规律性的认识。

（2）联系美国语言、社会、历史、政治、文化、教育、宗教、民族、法律、心理等，深入分析美国语言政策的形成、演变、发展、特点等，多方审视，史论结合，剖析透彻，研究很有深度，并有较好的创新，特别是强调语言与文化休戚相关，并具体论述美国主流文化对语言政策制定的重大影响，这是很有见地的。

（3）结合中国语言生活和语言政策的情况，分析了美国语言政策对中国的启示，提出在全球化背景下维护我国语言文化安全的对策与建议，所提意见中肯，具有重要现实意义。

（4）本书对美国各时期语言政策及其演变轨迹、文化渊源等所作的全面、深入的研究，弥补了国内这方面研究的不足，并将促进国别语言政策与语言规划研究的发展。

我认为本书是对美国语言政策研究比较深透的重要著作之一，书中有许多真知灼见，值得我们认真阅读，于是写下以上文字，权作序言。

陈章太

2010 年 4 月 29 日于北京寓所永春斋

（陈章太先生为国家语委原常务副主任、国家语委语言文字应用研究所原所长）

前　言

俗话说，十年磨一剑。这本小书算不上什么剑，雕虫小技而已，但它从孕育、形成到最终产生竟然也花了十年时间，仅就时间而言，亦可谓不易！1999 年受国家留学基金委公派到美国宾夕法尼亚州匹兹堡大学作访问学者，主要研修美国文学与文化，但匹大 Hillman 图书馆众多的藏书除了满足我对美国文学与文化知识的饕餮之心之外，还使我在社会语言学方面有了意外的收获。在查阅主修专业方面书籍的同时，偶然碰到美国语言及语言政策方面的几本书籍，出于语言教师职业的好奇，顺手复印了下来。后来翻阅时越读越觉得有趣，感到美国的语言问题和语言政策值得研究。访学期间，除读书研修外，我还不忘古人"行万里路"之训（visiting scholar, 仅当 scholar 还不够，还需 visiting），去了不少地方。这些行程中的所闻所见更加坚定了我研究美国语言政策的信念。国强，则语言强；国弱，则语言弱。美国英语风靡天下，个中原因大家都说得出来。但美国作为一个移民来自五大洲四大洋的"民族之国"（nation of nations），其语言和文化源自地球的各个角落，其语言状况如何？施行什么样的语言政策？语言政策对国家的稳定、民族的团结起到什么样的作用？美国的语言政策对我们有什么启示或借鉴之处？这恐怕并非轻易能说得出来的。能说得明白的人亦恐怕更少。当我站在纽约街头，看到不同肤色、不同服饰、不同语种的人穿梭往来、步履匆匆，但在一些行为上又惊人相似时，我感觉到了语言的力量，感觉到了一种统一语言规范人的行为的神奇力量！暗下决心，要探究这种力量的缘由。

2000 年 11 月回国后，我在阅读文本、资料的基础上开始着手这方面的研究。2002 年在《语言与翻译》上发表了《美国的语言政策及双语教学简述》一文。2004 年与王辉合作主编了《语言规划与语言政策：理论与国别研究》一书（中国社会科学出版社），曾在当年举行的第四届全国社会语言学学术研讨会上进行了交流，受到与会学者的好评，被认为是国内在语言政策和语言规划研究方面的第三本著作。2006 年宁夏大学成立"语言规划与语言政策研究所"，由本人担任所长，同年开始招收"语言政策研究"方向的硕士研究生，成为国内这方面为数不多的专业研究所和硕士生培养点。2006 年，以《美国语言政策研究及借鉴》为题，申请国家社科基金项目，得以批准立项。由于有了比较充足的基金的资助，项目研究随即得以全面展开。寒来暑往，经过三年的艰辛努力，项目组成员同心同德、相互协作，数易其稿，终于于 2009 年 6 月按期完成了项目的研究工作，形成了目前的文本。从 1999 年在大洋彼岸的匹兹堡大学校园有此研究一闪念，到 2009 年在祖国西部边陲贺兰山下凤城宁夏大学校园完成这一课题，整整十年时间，这就是我开篇所言"十年磨一剑"的由来。

语言是社会黏合剂，是文化的基础、民族的象征；语言同时又是"软国力"的核心，是"综合国力"的一个重要方面。在今日经济全球化、文化多元化、政治多极化的语境下，研究国别语言政策，尤其是大国的语言政策及其语言战略，于国于民于世，无疑均具有重大的现实意义。以盎格鲁—撒克逊人为主流的美利坚民族是崇尚实用主义原则的民族，他们推崇语言一致性理念的目的和意义就是为了维护美国的统一，通过同化其他民族语言来有效地解决美国民族冲突和民族矛盾。保证英语的统治地位，就可以有效地同化异族文化，就能够保证国家统一、社会平等，否则就会国家分裂、社会不平等。这是该成果研究美国语言政策总结出的一个结论。近些年来，世界上一些大国都在制定自己的语言战略，利用语言维护国家的文化安全，对内消除矛盾，凝聚民心，向外传播自己国家的文化和理念。我国当前语言生活正快速发展变化，语言生活中各种矛盾凸显，汉语走向世界的脚步空前加快，争取国际话语权正成为民族的自觉意识。此种情况下，我国必须及时研究宏观语言战略，设计落实语言战略的行动计划，提出应对重大语言问题的科学预案。毫无疑问，该课题的研究成果对我国语言战略的研究和制定有很大的借鉴、参考意义，而且该成果还针对全球化背景下美国国家语言战略目标提出了我国语言文化安全的对策意见，很有现实意义和应用价值。进入 21 世纪以来，发生在世界范围内的一些文化冲突和民族矛盾使我们对文化融合和双语教育问题有了新的思考。文化融合是民族团结的重要因素，要做到不同民族的文化融合，语言规划和语言政策的施行至关重要，语言是社会黏合剂，是沟通的桥梁，语言与文化休戚相关。少数民族地区的双语教育如何更加大力地推行，怎样搞才能更为有效，这是我们要进一步思考和面对的现实问题。

美国语言政策研究方面的专家蔡永良先生形象地指出："作一个不太确切的比方，美国语言政策就像一座北冰洋上的冰山，露出水面的是'语言政策'，藏于水下的是'语言文化'，再下一层是'美国文明'，最坚固庞大，也许还连接着洋底的最底层是'西方文明'。由于气候的变化，这座冰山之巅有时会显得尖锐而挺拔，有时会显得萎靡而圆钝，而它藏在水下的基础却没有变。这也许就是美国语言政策变化的本质特征"（蔡永良，语言·教育·同化：美国印第安语言政策研究，2003：362）。本书旨在透过这座"冰山"表象演变轨迹，探究美国语言政策和语言立法的本质、特征及其文化渊源和政治意图。一方面，通过对美国语言政策的系统研究可以帮助我们进一步认识美国的民族政策乃至美国文明的本质，更重要的是还可以使我们从中总结出经验与教训，供政府在制定全球化背景下国家语言战略时作他山之石。另一方面，对通过对全球化背景下美国国家语言战略目标和外语政策的分析，预测了美国国家语言战略对我国语言文化安全的挑战并提出了对策和建议，有利于民族团结和国家安全，防患于未然。

本书编写分工如下：周玉忠作为课题主持人，负责课题的设计与实施以及书稿的统稿、修改和定稿工作，撰写了前言和第一章绪论及结语部分；范玲娟同志撰写第二章，李文军同志撰写第三章，刘艳芬同志撰写第四章，朱海燕同志撰写第五章，巨静同志撰写第六章，王建勤同志撰写第七章。

为方便读者，本书中的专业术语一般给出中、英文两种形式，专有名词，如地名、人名等，一般也同时给出中、英文两种形式。

最后，特别感谢国家语委原常务副主任、国家语委语言文字应用研究所原所长陈章太先生百忙之中拨冗作序！感谢在宁夏大学执教的美籍外教梅利莎（Melissa）博士、卡罗琳（Carolyn）女士提供相关英文资料和书籍，感谢所有关心、支持本课题的研究和本书出版的同仁和朋友。感谢外语教学与研究出版社的大力支持与责编的悉心编稿。

由于水平有限，书中不妥及错误之处在所难免，诚请读者批评指正。

周玉忠

2010 年中秋节于学林园

目 录

第一章　绪　论

一、项目研究背景简介

美国是世界上典型的多民族、多语言、多文化、多宗教、多人口的国家，素有"民族之国"（nation of nations）之称，被公认为是文化的"大熔炉"（melting pot），语言的"色拉盘"（salad bowl）。其民族（ethnic groups）之多（125个），语言资源之丰富和文化成分之复杂的确堪称世界第一。美国有380多种语言，就语言方面而言，美国确实是一个很典型、很有趣的国家，值得研究。但客观事实是，美国国内研究其语言状况、语言政策的成果很少，而且少得令人意外。对此，美国斯坦福大学语言学教授费格森（C. A. Ferguson）曾感言道："与反映美国其他方面铺天盖地的书籍相比，有关美国语言状况方面的书籍却寥若晨星，信息灵通、热心公益的美国人对自己国家的语言情况也所知甚少。世界其他各国人对此也知道的不多或不够全面"（费格森，1981）。事实也确实是这样。受英语同化过了的美国人很容易承认或接受英语的主体地位。要成为美国人，就必须讲英语，二者的同一性是自然的、毫无问题的，人们常常会说："这是美国，请讲英语"。为了成为"真正的美国人"，早期的移民情愿放弃母语，改学英语。这已成为美国语言神话的一个主要因素，也有助于说明为什么讲英语的美国人不考虑学外语，他们认为学外语不仅不容易，而且也没必要。迄今不少人认为，一个忠实的美国人不会一仆二主讲两种语言（a loyal American can't serve two linguistic masters）。这种态度使许多美国人很容易倾向于支持唯英语政策。唯英语有两个原因：一是政治统一，二是交际容易。所以许多普通民众不甚关心英语以外的其他移民语言，他们想当然地认为，美国就是一个讲英语的国家，只有两种语言：即好英语和差英语（good English and bad），或者就一种语言：英语，围绕它的还有一些不能称之为"英语"，甚至或许不能称之为"语言"的东西，一切都被熔化了，不存在什么多语并存、语言保护等复杂的语言问题。实际上，作为一个移民国家，美国社会的语言问题是与生俱来的。真可谓"不识庐山真面目，只缘身在此山中"！

面对美国普通民众对国内英语以外其他丰富语言资源的熟视无睹和毫不珍惜，著名社会语言学家费什曼认为，美国的这些语言是珍贵的自然资源，并非"达摩克里斯之剑"（a sword of Damocles）（费格森，1981：522）；他曾用两个词比喻美国：一是 gravedigger（掘墓人），指美国让国内好多语言自掘坟墓，埋葬了它们；二是 spendthrift（资源的浪费者），美国不把阿语、法语、汉语和西班牙语等移民语言视为国家自然资源（在世界许多国家，语言均被看作自然资源），在很多情况下，移民语言和土著语言都遭到极大的歧视和贬低。他们像浪费空气、水和矿物等人类非语言资源一样浪费本土语言资源（费什曼，1981）。"9·11"事件之后，美国才发现那些被长期忽视的语言的重要性和精通那些语言的市民的抢手。就语言保护和语言传播而言，美国的社会土壤是很贫瘠的，语言生态极不平衡。这是美国普通民众对国内语言问题的态度。

就学术界而言，美国学者研究国内语言状况、语言政策的成果也凤毛麟角。费什曼在其"美国语言政策：过去、现在和未来"一文中用 rare（稀少）这个词形容美国语言政策方面严肃认真、见识广博的研究成果（费格森，1981：526），同时还指出，而且现有成果的多数仅局限于语言政策研究的某些方面，缺乏宏观、总体的研究。从历史上来看，20 世纪 60 年代末、70 年代初，随着教育家开始关注文化多元主义和双语教育，一些有关外语教育的概括性看法开始见诸报端。1978 年，一项关于"外语与国际研究"的总统委任激发有关人员写出了一些关于美国语言政策的论文，但主要还是关于外语教学与研究方面的。此后，一些学者，如克劳斯（Kloss）、赫斯（Heath）等，才开始从历史、法律、人权、意识形态和教育等方面讨论美国的语言政策。除这类为数不多的论文外，值得称道的著述有两本，而且书名基本相同，堪称姊妹篇。一本是由语言学家费格森等人于 1981 年编著出版的《美国的语言》（*Language in the USA*）。这是论述美国语言状况的第一本书，也是人们知道得最多的一本书，已成为学者、学生广泛使用的一本书，它使人们知道了美国语言的丰富与多样。人类语言学家海姆斯（D. Hymes）在序言中指出："美国是一个在许多事物上富饶丰裕，但在其语言方面所知甚少的国家"（The United States is a country rich in many things, but poor in knowledge of itself with regard to language）。大概正是出于这种状况，费格森等人才写了这本书。此书出版后，关于美国语言状况的研究成果多了起来，内容涉及语言的功能、非裔英语、土著人英语的地位、语言认同、方言挑战等问题。海姆斯认为此书是民众的语言指南、学者研究的助推器以及语言决策者作语言决策的重要参考书。

在这本书的启发和影响下，时隔 23 年后，爱德华·费根（Edward Finegan）等人于 2004 年又推出另一本《美国的语言》，不同之处是加了一个副标题："21 世纪之主题"。后者不是对前者的修订或替代，而是对现、当代美国语言变化和语言问题的新观察、新理解，提出了 21 世纪应当探索的语言新主题。后者比前者薄，但内容比前者新。

这两本书虽然流传甚广，影响较大，但主要内容还是针对美国国内语言状况和美国英语研究方面的，涉及美国语言政策研究的内容并不多。在第二本书的第三大部分中有关于美国语言意识、语言歧视、语言规划、语言政策和唯英语运动以及语言教育等问题的章节，但都单篇论之，浮光掠影，缺乏深度和完整性。除这两本书之外，尚有几位学者从不同角度论述过美国的语言政策和语言社会现象，如斯凯夫曼（H. F. Schiffman）的《语言文化和语言政策》（1996）、莱特（S. Wright）的《语言政策与语言规划：从民族主义到全球化》（2004年）、克劳福德（Crawford）的《双语教育：历史、政治、理论与实践》（1989年），但为数不多，只是部分地论述了美国的语言政策，谈不上系统梳理。例如斯凯夫曼的《语言文化和语言政策》，实际上是从语言文化角度简要论述了法国、印度、美国几个国家的语言政策，仅在第八章和第九章阐述了美国和美国加利福尼亚州的语言政策。克劳福德作为新闻记者对语言政治颇感兴趣，他的《双语教育》一书对美国双语教育的起伏兴衰作了详尽的评述，但也仅限于对双语教育政策的研究。费什曼写过一篇题目很吸引人的论文：《美国的语言政策：过去、现在和未来》，文中概述了美国的三种语言政策：一是过去一直施行的"语言转变政策"，二是当时已近明日黄花的双语教育所主张的"语言保持政策"，三是憧憬未来有更广泛交际的"语言丰富政策"（费格森，1981：516）。文章虽纵横兼述，但毕竟是一篇论文，容量有限，只能泛泛而论，不可能详述美国语言政策的昨天、今天和明天。难怪费什曼在文中要用"稀少"这个词来形容美国国内语言政策方面的研究成果，费格森也发出了"寥若晨星"的感叹。

就国内学界而言，由于语言规划与语言政策研究是社会语言学一个年轻的分支学科，因而一直是语言学研究中的薄弱环节，所以我国对国别语言政策的研究起步也晚，研究成果自然不多，具体到美国语言政策的研究，目前所见成果亦可用"稀少"二字概括。目前，这一领域能看到的论著有蔡永良的《语言 教育 同化：美国印第安语言政策研究》（中国社会科学出版社，2003）和《美国的语言教育与语言政策》（上海三联书店，2007）两本书。前者是以印第安人的同化为主题的交叉研究，涉及印第安语、美国印第安政策、印第安教育和印第安人的同化等方面，可以说开辟了国内印第安语言文化研究的新领地；后者可谓是前者的续篇，也是一项以语言教育为主题的"交叉研究，涉及语言教育、语言政策以及美国包括教育、移民、族裔关系在内的历史。就美国语言教育和语言政策这一专题展开讨论，尤其是将两者结合在一起作为一个课题作专门探讨，无论国内还是国外，就我们所知，还未曾有过"（蔡永良，2007：25）。除此以外，还有三本书中有关于美国语言政策研究方面的章节或论文：一是中国社会科学院民族研究所"少数民族语言政策比较研究"课题组编写的《国家、民族与语言——语言政策国别研究》（语文出版社，2003）第一章中有一节专门的论述："官方语言、移民语言与土著语言问题：美国语言政策研究"；二是李勤岸主编的《各国语言政策学术研讨会论文集》（台北前卫出版社，2002）中有一篇题为《美国的语言政策》的论文；三是周玉忠、王辉主编的《语言规划与语言政策：理论与国别研究》（中国社会科学出版社，2004）中有两篇关于美国语言政策研究的论文。对中国期刊全文数据库和中国优秀硕士、博士论文数据库的检索查阅显示，这方面的论文亦不多见。相形之下，关于美国双语教育研究的论文相对多些，这大概与前些时期国内双语教育研究热有关。总之，全面、系统研究美国语言政策的专著仍竟告阙如。

从国际层面来看，经济的全球化为语言文化走向世界带来前所未有的契机，语言政策和语言战略成为国家发展战略的有机组成部分。世纪之交以来，世界各国，特别是欧美大国都在纷纷制定本国的语言战略，努力提升各自的文化软实力，"利用语言维护国家的文化安全，对内消解社会矛盾，凝聚民心，向外传播自己国家的理念，赚取外汇收入"（《国家语委语言文字应用科研工作"十一五"规划》，2007）。

从国内层面来看，中国也是一个多民族、多语言、多文化、多宗教、多人口的国家，"我国当前语言生活正快速发展变化，语言生活中各种矛盾凸显（例如，在民族语言中存在三大问题：一是少数民族语言的消亡问题。第二大问题是在西北地区，民族语言问题常常伴随着宗教问题、民族独立问题。第三大问题是外语问题。外语已不仅仅是中国向发达国家学习先进技术的途径，语言服务、国家安全也很重

要。因此，外语是国家重要的语言资源。——李宇明 2008 年 7 月在
"中国外语战略研究中心"的讲话），社会需要提供语言服务的类型与
方式与日俱增，虚拟空间迅猛拓展，汉语走向世界的脚步空前加快，
争取国际话语权正成为民族的自觉意识。此种情况下，我国必须及时
研究宏观语言战略，设计落实语言战略的行动计划，提出应对重大语
言问题的科学预案"（《国家语委语言文字应用科研工作"十一五"规
划》，2007）。

在目前经济全球化、政治多极化、文化多元化、英语国际化的语
境下，要制定好我国宏观语言战略，提出有效应对重大语言问题的科
学预案，就必须先研究世界大国，特别是美国这样一些多民族、多语
言、多文化国家的语言政策和语言战略，总结出他们成功的经验和失
败的教训，作他山之石，方能知己知彼，更好地制定我国和谐的语言
政策和宏观的语言战略，加强民族团结，保障国家安全，进一步提升
国家的文化软实力和国际竞争力。

作为学者，我们应该有双重责任，即学术责任和社会责任。从填
充国内国外美国语言政策研究的稀缺点来说，我们是在努力地尽学术
责任；从更好地制定全球化背景下中国的宏观语言战略，解决未来发
展过程中国家和民族将要遇到的重大语言问题这个意义上来讲，我们
是在努力地尽社会责任，而且这后一种责任更为重要。这两种责任理
应是我们社会语言学工作者从事研究的出发点。本项目研究成果就是
我们在上述研究背景下恪尽这两种职责的产物。

二、项目研究的目的和意义

语言政策是指人类社会群体在言语交际过程中根据对某种或某些
语言所采取的立场、观点而制定的相关法律、条例、规定、措施等，
它包括语言选择、语言协调、语言规范化、文字改革、文字创制等方
面的内容。语言政策是语言接触和冲突的产物，是解决语言矛盾的需
要，是一种社会活动。总的来说，语言规划与语言政策研究一直是语

言学中的薄弱环节,这是语言学界公认的事实。因为它作为社会语言学一个年轻的分支学科,历史不长,近一二十年间才略有介绍。具体到美国的语言政策研究,在国际上和美国国内虽然有费什曼等人作过一些研究,但也为数不多,系统梳理不够。就国内而言,这方面的研究和介绍就更少,因此,美国语言政策研究是一个急待开垦的领地、一个需要加强的薄弱环节。

自古以来,语言文字问题始终关系到国家和民族的主权,关系到公民的人权。语言政策是国家社会生活中的一件大事,是政府对民族,特别是对少数民族态度的具体化,它对于社会生活以及语言本身都具有多方面的影响。语言政策的正确与否,在很大程度上决定于国家和民族领导阶层的价值取向和整体素质。美国是一个多民族、多语种、多文化的国家,有380多种语言,其中土著语言有120种。美国政府一贯注重语言政策问题,但"9·11"事件以后,美国政府对语言政策异常重视,将其提升到国家安全的高度加以审视。2006年1月,全美大学校长教育峰会在美国国务院办公大楼召开。这次峰会的主角不再是来自美国50多个州的100多位大学校长,而是时任美国总统的布什和他的国务卿、国防部长、国家情报局局长等政府要员。会上,美国国务院、国防部和教育部共同推出了一个"国家安全语言倡议",首次从美国自身安全和国家持续繁荣的角度审视外语教育问题。布什之所以亲自推动"国家安全语言倡议",是想为美国培养更多懂外语的军人、情报人员和外交官。该计划主攻的"关键语言"是阿拉伯语、汉语、俄语、印地语和波斯语等语种。显然,研究美国的语言政策一方面可以帮助我们进一步认识美国的民族政策乃至美国文明的本质,了解美国全球化背景下国家语言战略目标;另一方面还可以使我们从中总结出经验与教训,供政府有关部门在制定全球化、信息化时代我国的语言规划和语言政策时作他山之石,以便更好地构建我国语言发展的宏观战略,为国家经济社会的全面和谐发展服务,以利于加强民族团结,保障国家安全。这就是本项目研究的目的和意义。

三、项目研究成果的主要内容、重要观点和对策建议

本项目研究成果形式为专著，共分七章，主要内容和重要观点如下：

第一章为绪论，简要介绍了本项目研究的背景、目的、意义、主要内容、重要观点、创新程度、突出特色和学术价值以及应用价值和社会效益。

第二章论述了美国建国前的语言政策。

殖民时期是美国语言政策的起始阶段，英语经过了移植和美洲本土化的洗礼，它虽然与美国土著语言和其他欧洲移民语言产生了碰撞和融合，但当时尚未具备吞噬一切的能力，英国殖民者出于最大限度地获取民众支持的政治谋略，对其他欧洲移民语言采取了暂时的宽容态度。因此，殖民时期可谓是一个多语并存的时期。操英语的开拓者到美洲定居伊始，就发现自己处于一个极为多元的语言文化环境中。当时，多语主义和多方言主义倾向相对比较明显，人们也有与之相应的语言态度和语言意识。印第安人和非裔族群的话语中就有洋泾浜式的英语，英语也因美国复杂的族群出现了大量的借用词，并且人们对语言的多样性和语言兴趣基本持公开的尊重态度，这就是语言的融合；但由于英国在美洲的拓殖，盎格鲁—撒克逊文化成为美国的主流文化，加上英国人从一开始就执行的同化政策和随后社会环境的影响，各民族的后裔纷纷融入了以英语为主导语言的社会，这又形成了语言的变迁。美国英语的形成，建立于限制和牺牲少数民族的语言之上。从美国政府所颁布的一系列法律法规不难看出，单语主义和标准化在美国建国前的语言政策中已现端倪。本质上，这一时期美国语言政策是美国语言和文化"沙文主义"的体现，这一意识形态始终对美国建国前语言政策的制定起着重要作用。

第三章从建国后的社会状况、英语语言统治地位的确立、"美国创用语"（Americanism）的形成、对其他非英语语言的同化、语言政策的目的和意义等五个方面探讨了美国建国时期的语言政策。

　　殖民时期各种语言并存的局面成为美利坚合众国统一语言的挑战。为了达到文化思想、意识形态的统一，为了建设一个强大统一的美利坚合众国，无论情况有多复杂，语言统一道路上的一切障碍都得扫清。美国建国初和建国后，一些有影响的政治人物，如富兰克林、华盛顿、亚当斯、杰斐逊等，都致力于语言的统一和英语的统治地位；一些著名的教育家、学者和社会活动家同样主张用英语渗透的办法同化其他语言，以便促进美国语言的一致。美国《独立宣言》和早期的宪法中虽然都没有直接涉及到语言建设规划问题，而且美国建国初期的政治文件中也没有统一语言的明确政策，但是毫无疑问，对于那些美国早期的政治家而言，建立了美利坚合众国以后的北美大地上理应"飘扬着一面国旗，回响着一首国歌"，那里的人民"将说同一种语言"。

　　在政府和民间两股唯英语的合力作用下，美国在建国后，英语的统治领导地位最终完全确立，很快就创造了世界民族国家建立与发展的神话，这就是"不同种族，统一民族；单一语言，多元文化"的民族共同体的形成与发展。

　　通过确立英语的统治地位、创建"美国创用语"、同化非英语语言，英国殖民者从欧洲本土带来的语言观念在北美大陆得到了继续发展。在欧洲，英国人语言观念表现为以英语为中心的语言文化的霸权；在北美大陆，则表现为以英语中心的"美国语言一致性"的理念。"美国语言一致性"不仅是整个殖民时期英国殖民者所追求的目标，而且也是美国建国后政府和民众一贯的理想和追求，始终是美国语言态度和语言政策的准则，同时也是英裔美国人语言文化的核心思想。

　　以盎格鲁—撒克逊人为主流的美利坚民族是崇尚实用主义原则的民族，他们推崇语言一致性理念的目的和意义就是为了维护美国的统一，通过同化其他民族语言从而有效地解决美国民族冲突和民族矛盾。保证英语的统治地位，就可以有效地同化异族文化，就能够保证国家统一、社会平等，否则就会导致国家分裂、社会不平等。

　　当然，语言的统一，有利于国家的团结与稳定，但美国语言的统一是建立在同化和消除其他非英语语言基础之上的，同样给国家的发展和稳定带来了一系列的问题，比如，美国黑人和印第安人的教育问题就是一个突出的例子。面对一系列的社会教育问题，美国政府后来为了体现其民主平等的一面，允许一些学校使用双语教育，但双语教育的真实目的并非为了保护少数民族语言，而是为了推行英语创造更好的条件。

　　第四章考察了美国20世纪的语言政策。语言种类越多，语言教育与语言政策就越复杂，有隐性的语言政策，也有显性的语言政策；有鼓励双语教育的政策，也有反对双语教育的唯英语运动。总体来看，美国20世纪的语言政策以双语教育和唯英语运动为主。有关双语教育及其政策可分成三个时期：20世纪头50年，为语言政策与双语教育限制期；50年代起到80年代，为双语教育蓬勃发展期；80年代到新世纪之交，为双语教育遭排斥期。有关唯英语运动的发展，其典型时期为：20世纪80年代到21世纪初的英语官方化运动和反双语教育法。

　　20世纪以来，美国出现了双语教育和唯英语教育两种不同的语言政策以及英语官方化运动。究其原因，主要是多语种存在的事实、60年代民权运动的冲击、多元文化思潮的挑战、英语中心主义以及盎格鲁—撒克逊文化趋同理念所致。

　　到19世纪末，凭借着盎格鲁—撒克逊文明在美国牢固的主流文化的地位，英语成了无需法律规定的官方语言。进入20世纪以后，美国一跃成为世界头号超级大国，充当世界政治、经济、军事、外交，乃至科学技术的霸主。英语更是籍此优势成了第一号国际通用语，因而"语言一致性"理念，即英语中心主义早已根植于美国人心中。然而，20世纪以来，大量移民的不断涌入，使英语的霸主地位遭到威胁，为了加固其地位免受其他语言的冲击，便提出限制其他语言的使用，希望从法律上将英语定为美国的官方语言。这就掀起了唯英语运动。唯英语运动主要分两个时期：前一时期为英语官方化运动，后一时期为反双语教育。但不管是前期的确立英语为美国官方语言的英语官方化运动，还是后期的反双语的唯英语教育政策，他们的目的都是相同的：那就是极力维护英语的中心地位，进而达到盎格鲁—撒克逊单元文化一统美国的目的。

然而美国也看到随着非英语移民人数的不断增加，多语种的存在已是不可辩驳的事实，再加上国际间语言文化交流的日益频繁，不同的语言文化也都展现出各自独特的魅力特点，因而都是人类宝贵的财富，应加以保护和发展，美国也意识到只有多种语言文化的共存才更有利于自身语言文化的发展，所以必须承认美国实行的双语教育政策，不管其出发点怎样，也在某种程度上保护和发展了各少数民族语言，尤其是保护和挽救了日渐消亡的印地安语言。

第五章进一步讨论了美国的移民语言、双语教学的类型、双语教育的有效性、双语教育面临的挑战以及双语教育的本质及特征。

美国是世界上最大的移民国家，其民族成分超过一百个，故有"民族之国"的称号。美利坚民族的历史，就是一部大规模的移民史。移民带来了语言，使美国语言呈现出多元化的态势。移民语言的多元化态势，以及美国非英语语言巨大的地区差异性，给美国的教育带来了相应的难度和问题。20世纪60年代，由于民权运动、教育本身的需要、文化多元论的兴起和同化观念的转变、政治、军事等各种因素作用的结果，双语教育开始在美国施行。1968年颁布的《双语教育法》具有里程碑意义。它结束了一直以来仅在教会或私立学校使用双语进行教学的历史，给予了在全国范围内的公立学校中开展双语教育的合法地位，并以法律的形式保障了少数种族语言与英语在教学方式中具有同等的地位，开启了法定双语教育的历史，使双语教育正式成为联邦教育政策的重要组成部分，从而使得为少数民族学生争取平等教育机会的运动转化为国家强制实行的教育政策。不过，《双语教育法》的通过虽然意义重大，但在内容上还有需改进之处。因此，从1974年到1999年美国对《双语教育法》进行了六次大的修改和重审，从双语教育惠泽对象、范围、规模、经费分配、目的、性质、责任等方面进行了不同程序的修订。但每次修订都没有摆脱"同化"的主题和目的，也没有动摇其"过渡性"的本质。相反，以英语为核心的这一语言意识形态在每次修改中都得到了强化和重审。随着双语教育的广泛开展，在美国也掀起了巨大的反双语、反移民、反多元化的浪潮。从20世纪80年代开始，双语教育逐渐走向衰落。2002年1月8日，布什政府颁布了《不让一个孩子落后法》，获得两党支持，实行了34年的《双语教育法》被弃除。这项由政府立法资助的、一度风行全美的双语教育事业也随之成为明日黄花。

美国的双语教育分为沉浸型双语教育、英语作为第二语言型双语教育、过渡性双语教育、保留型或发展型双语教育、双向型双语教育等类型，但过渡性双语教育在美国成为最为普遍的双语教学模式，联邦的大部分资金也是流向到过渡模式。根据联邦政府双语教育和少数民族语言事务办公室的报告，从1985年到1992年，给予少数民族儿童资助经费的73.4%流向了过渡性双语教育项目，12.4%的资金流向了英语沉浸型教学项目，1.6%的资金流向了发展型双语教育项目。由此可以看出，美国的双语教学带有明显的过渡性质，而真正保护和发展少数民族学生语言的双向型和保留型双语教育模式由于资金扶持力度相对有限，无法得到充分的发展。

纵观美国双语教育形成直至结束的整个历史过程，横看美国双语教学的类型模式，并通过对美国国内对此问题争论的仔细分析和研究，我们不难看出：美国的《双语教育法》实际上并未促进母语或多语主义的发展，因此，它基本上是一个有悖于双语主义的法律。这与中国、印度等国的双语教学有所不同。美国的双语教育政策的明显特征就是其过渡性：从移民学生母语很快过渡到英语。美国双语教育的本质就是同化，让移民的子女更多、更好、更快地学会英语，用英语学习文化课程，通过教育的方式同化移民，使其早日融入美利坚盎格鲁—撒克逊单一文化的主流社会，最终达到"飘一面旗帜，唱一首国歌，讲一种语言"的目的。

第六章从四个方面分析了美国世纪之交以来的语言立法倾向。该章是本项目研究的重点之一。

第一，美国语言立法取向的文化渊源。一个民族的语言集中体现了该民族的文化特点和民族精神。作为语言政策的相关组成部分，一个国家的语言立法取向，在某种程度上，正是这个国家文化外在的集中的表现。作为一个移民国家，美国有着多元化的社会族裔，使之不仅成为了世界上唯一的文化"大熔炉"，也成为了语言的"色拉盘"。根植于盎格鲁—撒克逊主流文明、以浓厚的宗教情节为特征、以民族优越感和使命意识为特质的美国文化，构成了具有吞噬其他语言强大力量的语言环境和氛围，有效地维护了英语的绝对权威，这一点不仅体现在以"美国语言一致性"为核心的语言政策当中，而且落实在"确定英语为唯一官方语言"的语言立法取向当中。

第二，美国世纪之交以来的语言立法主导倾向。冷战之后，随着苏联的解体和东欧的巨变，美国成为世界上唯一的超级大国，英语在世界语言中的地位和势力得到了空前的提高和扩大，成为了第一号国际通用语，于是美国的语言政策更加凸显了作为其主流倾向的"美国语言一致性"。"美国语言一致性，也就是英语一统天下；实现美国语言的一致性，就是坚持英语统一北美大地上的其他语言"。以此为基准和契机，星星之火的美国英语官方化运动便以燎原之势如火如荼地展开了。

美国语言立法主要是通过两个层面上的立法呈现出来的：一个是联邦国家政府层面的语言政策修正案，另一方面则是形形色色的州法令和地方条例。立法的程序主要是通过以"美国英语协会"（US English）为首的唯英语运动的相关组织和人员首先通过基层征集请愿签名，然后进行援外政治活动，要求议员向国会提案或要求公民投票，最终促成联邦政府或州政府制定法律，确立英语为官方语言的法律地位。

从官方英语首次被提议将其纳入美国宪法修正案以来，至今已有超过 50 个议案提出来支持英语确立为美国的官方语言，这其中自 20 世纪 90 年代英语官方化立法运动达到高潮之后的议案就占到了近

90%。进入 21 世纪后，英语官方语言立法又有了长足的发展。

美国的官方英语立法，以联邦政府出面制定的并不很多，它在很大程度上是以隐性的方式并存于州政府和政府部门的法规和条例当中。所以，观察和审视美国的语言立法，仅从联邦政府这一层面是不够的，州政府的法律法规是考察美国语言立法的不可或缺的部分。实际上，州政府所制定的关于语言立法的法律法规能更加真实地代表和反映美国语言政策的本质和语言立法的倾向，而且美国官方语言立法的主要成果也是在州一级的政府当中。

第三，美国的反双语教育立法。美国双语教育从其法制地位确立以来，在短短的 30 多年里几经沉浮，可谓命途多舛。伴随反双语运动而生的几部立法，虽然数量不多，但是对非英语的少数民族语言打击沉重，有效地从侧面依托了以英语趋同主义为主导的美国语言立法的大方向。

早在《双语教育法》通过的初始阶段，社会上就有批评的意见，美国教育界主流力量也对此持冷漠甚至怀疑的态度。到了 20 世纪 70 年代，随着双语教育的制度化和双语问题的扩展，社会上反对派的声势也越发壮大，逐渐形成两派对峙的局面。对双语教育问题持保守态度的反对派认为双语教育并不是一个简单的教育问题，而是一个政治问题，因为双语教育会强化少数民族的民族认同，延缓他们融入美国社会的同化进程，甚至损害美国语言的统一，导致美利坚民族的分裂。此后，反对派先后组成了一系列社会团体，开展有组织的政治活动来攻击双语教育，对其必要性和实际效果提出质疑。在整体策略上，反对派把更多的力量投入在改变政府的语言政策和语言立法上。这是一个釜底抽薪的举措，一旦去掉或改变相关的语言政策和法律这张"皮"，双语教育及其它双语问题的"毛"将无所附着。

第四，"9·11"事件之后美国语言立法的新发展。

2001 年 9 月 11 日美国遭遇恐怖袭击之后，美国人立刻发现他们再次面临"Sputnik 时刻"。所谓"Sputnik 时刻"是指 1957 年 10 月 4 日苏联成功发射人造地球卫星"Sputnik 1 号"那一刻。美国认为苏联这一技术优势对美国国家安全带来了巨大的威胁。因此，美国通过实现登月计划赢得了所谓的"冷战的胜利"。然而，"9·11"事件给美国带来的是非传统领域的威胁和挑战。美国政府也因此改变了对自身安全环境和现实威胁的判断。它清楚地认识到，外语能力和理解他国文化能力的匮乏，削弱了美国跨文化交际的能力和对国内外的了解，阻碍了社会的流动性，减少了商业竞争的能力，限制了公共外交的有效性，以至于威胁到了美国的国家安全。外语学习和外语教育的不足不仅消极地影响着美国国家的安全、外交、法律实施、情报工作以及对社区文化的理解，而且阻止了美国在外语媒体环境下有效地交流、妨碍反恐努力、不利于美国人民和他国人民及与其他政府的交流合作及相互理解。

进之21世纪后，在各个领域对掌握一定外语能力人才的需求和美国现行的外语现状之间的矛盾更加激化。在政治层面上，美国既需要拥有高水平外语技能和深谙他国文化的专家和领导人，又需要有职业技能同时又能了解他国文化和具备多种语言能力的职员。在经济上，由于英语作为政府和贸易的"通用语"的作用不断加强，然而随着世界市场对语言文化本土化产品和服务需求的日益增长，美国要想获得经济上的持续发展，要想生产吸引世界的产品，并通过有效手段将产品推向世界，必须具备强有力的外语能力和理解他国文化的能力。在外交上，"9·11"事件使美国认识到"语言武器"的重要性。当恐怖主义分子向美国发起攻击的时候，由于语言的障碍，美国毫无准备，处于极为被动的地位。在军事上，现代战争虽然可以通过高科技打破时空障碍获得军事情报，但是语言是获得信息的最后一道屏障，要打破语言屏障只能通过语言技能来实现。

因此，美国政府开始重视从以满足国家政治、经济、外交、军事的需求、尤其是从国家安全的角度来制定国家的外语语言政策，并于新世纪伊始颁布和制定了一系列与国家安全有关、旨在提高国家外语能力的政策和法案，其中较为成功的提案多数集中在第109届国会上。

需要说明的是："9·11"之后美国政府加强外语语言立法的举措并没有背离美国语言文化的总体发展趋势。相反，它与美国政府以"英语语言一致"为导向的语言立法倾向是一脉相承的。实际上，美国强化外语语言立法的根本目的是希望在经济全球化的契机下利用"语言战略武器"来履行向全世界尤其是"关键语言"区域传播美国的意识形态、推销美国的自由和民主以及渗透美国文化的"使命"，从而使美国的语言文化走向世界，最终形成"全球文化的美国化"和"美国英语的全球化"。

由此可见，发轫于清教徒的宗教信仰、根植于美国特殊的地理环境、形成于美利坚民族的特殊性、以盎格鲁—撒克逊的文明趋同主义为核心的美国文化直接支配了美国政府对语言的基本立场和观点，依托了长久以来，尤其是 20 世纪后半叶以来的美国官方语言立法的主导倾向。具体地说，秉承"上帝"赋予的"使命"，美国一直把自己当做世界的楷模，当领土扩张已无可能、经济扩张遭到抵制时，美国力图加强其语言文化的渗透并强调英语的普世性和可输出性。在具体行动上其表现张弛有度。横向上，积极通过立法将英语确定为美国的官方语言，最终导致了 30 个州、40 多个地方政府相继制定和颁布了英语为官方语言的法律；纵向上，通过声势浩大的反双语教育立法运动来强化"英语语言一致"的终极目标，使美国语言教育重返唯英语教育的轨道，运动最终导致了美国废除了长达 30 多年的《双语教育法》。"9·11"之后，美国通过立法加强全民外语语言能力，旨在在新的历史和时代的契机下实现语言立法的双刃剑的功能：一方面提升国家自身的安全防御和保障；另一方面凭借外语的阶梯来实现全球化的"英语统一"。

第七章在审视美国国家语言战略的基础上提出了我国语言文化安全对策。该章也是本项目研究的重点之一。进入 21 世纪以来，特别是"9·11"之后，美国政府连续发布了一系列关于提高国家外语能力的政策和法案，构成了美国在全球化背景下新的国家语言战略。

第一，美国国家语言战略与外语政策

1. 美国国家语言战略出台的背景

美国国家语言战略出台的直接原因是"9·11"事件的惨痛教训。此外，美国新出台的国家语言战略与其海外战场对外语技能的政治和军事诉求密切相关。再者，美国新出台的国家语言战略还与经济全球化竞争的背景有关。美国政府的构想是，"通过外语能力和对世界文化的了解，使美国成为更强大的全球领导者"。这一语道破了其语言战略的真实目的，上述背景表明，美国出台国家语言战略的政治、经济和军事企图是显而易见的。美国的国家语言战略不仅仅着眼于目前的国家安全，而且着眼于未来的全球化竞争，从全球化的高度为美国下一代未雨绸缪，可谓"为之计远矣"。

2. 美国国家语言战略目标

美国国家语言战略的第一个目标是维护美国的国家安全，既非传统安全领域的国家安全。第二个目标是维护美国在全球的经济利益，使美国在全球化竞争中提高经济竞争力。第三个目标是制造"语言战略武器"，利用"语言战略武器"传播美国的声音。第四个目标是为海外战场的军事情报人员、外交人员装备"语言武器"，满足海外战场军事、外交和情报需求。

3. 美国国家语言战略下的外语政策

为了贯彻落实美国的国家语言战略，美国政府推出了一系列外语政策。其中一个重要的外语政策，就是鼓励全民学习国家需要的8种"关键语言"：阿拉伯语、汉语、韩语、俄语、印地语、日语、波斯语和土耳其语。在这8个"关键语言"的"国家旗舰语言项目"中，"汉语旗舰项目"由美国杨柏翰大学（BYU）承担，主要培养高水平的汉语人才。

为了实现美国的长远战略目标，美国政府还制定了外语教育从幼儿做起的外语政策，即所谓的"K—16管道项目"：把外语教学从幼儿园到中小学，一直延伸到大学。此外，美国通过"AP中文"项目首次将中文引入美国主流教育。参议员利伯曼指出，美国需要花费时间和金钱来了解中国的语言和文化，这是和中国打交道的必备武器。在布什提出"国家安全语言倡议"之前，美国军方已经先行一步，制定了通晓外语的军人可以加薪的政策，鼓励美国官兵学习"关键语言"。

第二，美国国家语言战略对我国语言文化安全的挑战

首先，美国将汉语列为"关键语言"，并通过"汉语旗舰项目"培养精通汉语的专业人才。在未来的经济全球化竞争中，这些人才将成为与我国在各个领域，特别是经济领域直接交手的竞争对手。美国人这种"师夷以治夷"的语言战略对我国的语言文化安全带来了潜在的威胁。

其次，美国国家语言战略赋予"语言战略武器"诸多"使命"，其"使命"之一是传播美国的意识形态。换句话说，美国希望利用"语言武器"对"关键语言"区域进行文化渗透。这势必对我国的语言文化安全带来直接的威胁。

再次，美国国家语言战略的实施，将大大提高信息情报机构的信息收集和分析能力，尤其是美国国家旗舰语言项目中的"汉语旗舰项目"将在各个领域培养精通汉语的信息情报人员，目标直指"关键语言"区域的信息情报收集和分析。语言屏障的消失，将对我国国家安全带来巨大的威胁。

第三，我国语言战略研究的现状

经济的全球化为语言文化走向世界带来前所未有的契机。世界各国，特别是欧美大国纷纷制定本国的语言战略。而我国关于国家语言战略研究，特别是对外语言战略的研究严重滞后。这种状况将使我国在全球化竞争中处于极为被动的地位。造成这种现状的原因主要有以下几个方面：

1. 国家没有专门的语言战略研究机构，没有国家语言战略研究的专门人才，因而对国家语言战略，特别是在全球文化竞争背景下的对外语言战略研究几近空白。

2. 国家语言战略研究滞后，使我国语言文化安全面临新的考验和

挑战。但是国家又缺少预防威胁国家语言文化安全的应对策略和预警机制。这说明我国在迅猛的全球化浪潮面前缺少足够的思想准备。

3. 国家语言与文化安全问题是国家安全研究领域的一个新课题，由于研究的滞后，我们对语言文化安全对国家的稳定繁荣的战略意义缺少深刻的认识。对域外语言文化对我国语言文化危害和侵蚀的现实认识不足。

4. 语言政策与规划研究缺乏全球化意识和国际视野，国家对重大语言战略问题关注不够，缺少宏观的政策性研究。

第四，对策与建议

1. 国家应该尽快建立国家级语言战略研究机构，组织专业研究人员，加快研究和制定中国语言发展战略。

2. 国家应该尽快建立语言文化安全预警机制和监控机制，加强国家语言文化安全研究，预防威胁国家语言文化安全的突发事件，做到防患于未然。

3. 中国是英语学习的大国，英语作为国际通用语言对中国走向世界具有重要的战略意义。但是，在构建多语、多元文化和谐世界的进程中，除了向世界推广汉语之外，我国有必要确定对中国具有战略意义的"关键语言"，制定相关的外语政策，培养精通国家需要的"关键语言"人才。

4. 国家应该制定明确的语言战略，提高国民的全球化意识和参与世界竞争的意识，鼓励公民终身学习外语，把掌握外语和多语能力作为我国现代公民参与世界竞争应该具备的基本素质。

四、项目研究成果的创新程度和突出特色

经过近50年的风风雨雨，社会语言学作为语言学研究的一个分支，已经取得了令人瞩目的成就，其学科地位与学术影响与日俱增，其研究领域与研究内容日见广博，其理论构建与研究方法日臻完善，业已发展成为新世纪语言科学领域内的学术亮点之一（杨永林，

2005：2）。而作为社会语言学一分支的语言规划与语言政策研究近年来也有了长足的发展，亦日渐成为社会语言学领域中的学术热点之一。本项目研究成果以社会语言学理论为指导，系统论述了从殖民时期直至 21 世纪以来的美国语言政策和法规，分析了全球化背景下美国国家语言战略，并提出了维护我国语言文化安全的应对策略，是一项颇具现实意义和借鉴价值的课题成果。从观察视角来看，本研究属于宏观社会语言学的范畴；从研究方向上说，本研究属于应用社会语言学研究的范围；从具体研究内容而言，显然是关于语言规划与语言政策的国别研究。

本项目研究成果的理论创新在于首次对美国不同时期的语言政策、本质特征及其文化渊源这些重要问题做出了系统的阐述、深刻的分析和概括，全方位考察了美国语言政策演变的轨迹及其所起的作用和产生的影响，总结出了规律性的认识，并提出了全球化背景下维护我国语言文化安全的对策建议。这在国别语言政策研究方面开了个好头，在研究美国这样一个多民族、多语言、多文化大国的重大语言政策方面有了新的建树，启示良多。对国家语言、文化现实问题研究有推动作用，对语言政策与语言规划这门社会语言学新分支学科的发展有奠基作用。方法创新在于以社会语言学理论为指导，以美国历史为线索，以美国语言政策演变的轨迹为主线，以美国主流文化为视角，多层次、多角度、全方位地进行探讨，使美国语言政策问题研究取得了突破性进展。第三个创新点在于视角新。学术界都基本同意这种观点：文化曾经、正在、并将继续是影响国家具体政策与行为的重要变量，在未来相当长的时期仍将发挥重要作用。同时，文化视角能从不同的角度洞悉影响国家相关政策的民族心理、价值理念、思维方式和行为模式，探究政策制定、实施的根源，从而总体把握一国政策的发展趋势。语言与文化休戚相关。审视一国特别是大国的语言政策和语言立法必须联系该国的政治传统、价值观念、意识形态等文化因素，否则就会只知其"然"，不知其"所以然"。语言立法，作为一种文化，具有十分明显的政治文化意图和国家政策导向，它不可能也从来没有过"科学中性"。美国因其独特的文化传统、建国历史和政治制度而使其语言政策带有浓厚的文化烙印，离开美国的政治文化来研究美国的语言政策就难以把握其立法脉络的内涵和深层动机，也就无法解释"文化"自变量对"语言政策"因变量产生作用的内在机理。美国是文化的"大熔炉"，语言的"色拉盘"。根植于盎格鲁—撒克逊主流文明，以浓厚的宗教情节为特征，以民族优越感和使命意识为特质的美国文化，构成了具有吞噬其他语言强大力量的语言环境和氛围，有效地维护了英语的绝对权威，这一点不仅体现在以"美国语言一致性"为核心的语言政策当中，而且落实在"确定英语为唯一官方语言"的语言立法取向当中。本研究成果以美国语言政策演变的轨迹为主线，以政治传统、国家统一和主流文化为视角，其中尤以主流文化为主要视角，多层次、全方位地考察了美国不同时期的语言政策、本质特征及其文化渊源，应当说这是一个富有创新、洞察力较深的视角。

本项目研究成果的突出特色表现在四个方面：一是跨学科特色显著。表面上看，项目研究的仅是美国语言政策，但从学术渊源上讲，内容实际上涉及到美国的历史、政治、文化、语言、宗教、民族、社会、法律、教育等多个学科领域，外延宽泛，交叉性强，驾驭难度大，属于典型的多学科探讨项目。二是论述开掘较深。在具体问题的论述中没有停留在史料的堆砌上，也没有凭空推理、以论带史，而是做到了两者的有机结合，深入到对许多具体问题的探讨之中。例如在探讨美国的双语教育政策时，不仅阐述了双语教育实施的状况、分期、类型和有效性，还描述了双语教育面临的挑战、反双语教育活动与立法以及美国双语教育的本质与特征；考察美国语言立法时，能从联邦政府和州政府两个立法层面进行考察，特别是能从文化角度洞悉影响语言政策制定的民族心理、价值理念、思维方式、国家认同等因素，立体考察，纵横分析，多方审视，相互映衬、验证，使美国语言政策的显性、隐性特征一览无余，体现了社会语言学研究方法中的分析性和透彻性原则。三是研究系统、完整、可靠。坦率地说，美国语言政策研究难度较大，因为相关问题复杂，敏感程度高，理论难点多，资料的搜集与处理难度大，研究基础薄弱。但我们课题组却齐心协力，认真地分析了这些问题，努力克服以上难点，按时间顺序系统梳理了美国各个历史时期的语言政策和语言立法的本质、特征及其文化渊源，从殖民时期一直到 21 世纪以来，纵向脉络清楚、系统完整，横向角度广阔、支撑点多，加上国内外学者这方面已有的学术成果作研究基础，所以使本研究成果显得可靠、可信。这种系统完整性体现了社会语言学研究方法中的概括性原则。四是提出了对策与建议。在阐述 21 世纪以来美国语言立法的主导倾向和"9·11"事件以后美国出台的国家语言战略与外语政策的同时，更为重要的是分析预测了美国国家语言战略对我国语言文化安全可能形成的挑战，并提出了应对美国挑战、维护国家语言文化安全的四点对策与建议，供政府有关部门参考，以防患于未然。不仅发现了问题，而且还提出了解决问题的办法和意见，这是社会语言学研究的终极目的，也是本项目研究的目的之一。

五、项目研究成果的学术价值、应用价值以及社会效益

从表面上看，语言政策和语言规划的目的是解决与语言有关的问题，但实质上却关系到国家的政治、经济、文化、教育、国家安全与民族团结，关系到国家的意识形态和全球的战略利益。"亚里士多德说，人这个动物其实是政治的，语言也是政治的。语言政策与语言规划其实更是政治的，是国家宏观战略思维的一个重要组成部分"（李宇明，2007）。当今各国在制定语言政策上存在着不同的目的和价值取向，其中最重要的几种是：语言多元化（linguistic pluralism）、语言同化和民族化（linguistic assimilation and nationalism）、语言纯洁化（purism）、语言国际化（internationalism）和语言本土化（vernacularization）（胡明勇，2005：89）。美国是世界上最大的移民国家，就其民族、语言、文化而言有很大的典型性和代表性，美国社

会的语言问题是与生俱来的，它的语言政策与语言规划对我国的语言规划不无借鉴意义，值得我们去思考、去研究。然而如前所述，由于种种原因，国内这方面的研究成果还很少、很稀缺。本项目研究成果的学术价值在于以中国学者的眼光，尝试性地对美国的语言政策进行了多层次、多方位阐述和探讨，有一定的开拓性、前沿性和创新性，弥补了这方面的不足和缺憾，对世界大国语言政策、语言战略和语言现实问题的研究有推动和促进作用，对语言政策与语言规划这门社会语言学新分支学科的发展有奠基作用。

本成果的应用价值和社会效益体现在两个方面：一是通过对美国语言政策的系统研究可以帮助我们进一步认识美国的民族政策乃至美国文明的本质，更重要的是还可以使我们从中总结出经验与教训，供政府在制定全球化背景下国家语言战略时作他山之石。二是通过对全球化背景下美国国家语言战略目标和外语政策的分析，预测了美国国家语言战略对我国语言文化安全的挑战并提出了对策和建议，有利于民族团结和国家安全，防患于未然。

本项目研究成果很有可能将成为国内较早系统研究美国不同历史时期语言政策和其新近国家语言战略的专门学术专著，将是美国语言问题、语言生态这一急待开垦的领地上结出的首批果实之一。项目研究期间取得的一些阶段性成果公开发表以后，在社会语言学界已引起了一定的反响，受到学界同仁的关注。全球化时代主权国家的综合国力竞争，表现在"硬国力"与"软国力"两个方面。"硬国力"指一个国家的经济、军事与科技实力，"软国力"则指一个国家的文化影响力。作为"软国力"的表现形式的语言文化，已成为大国竞争的重要指标。相信在世界各国日益关注语言政策和语言战略，竞相提升各自文化软实力的今天，本成果正式出版后，会产生应有的社会影响和效益。

第二章 美国建国前的语言政策

　　美国历史仅有短暂的二百多年，却以种族众多、文化多样化而闻名，美国从早期的殖民地时代到 21 世纪的今天，依托美洲天然的丰富资源和移民的巨大努力，创造了灿烂的文化财富和物质文明，成为世界上最有影响力的国家，美国语言是美国多元文化背景下语言融合的产物。美国移民以欧洲人为主，主流文化也以"白人盎格鲁—撒克逊清教（WASP: White Anglo-Saxon Protestant)"文化为基础，美国政府为了巩固国土，增加国民凝聚力，多年来一直致力于把所有外来移民改造成一个地地道道的美国人，经过历届政府的措施，美国同化的效果愈发显著，其中语言同化是最主要的手段之一，但是"语言融合不能从根本上使移民抹去心灵深处的民族心理与母国文化传统的影响"（蔡昌卓，2002：24），同化和多元化并存是美国文化的主要特征。美国的语言政策虽有明显的一贯导向，但亦呈现阶段化的特征。殖民地时期的英语传播体现了欧洲文化的移植和宗教的教化作用，与多元化的移民语言在冲突中展现出新的面貌。

一、英国的美洲拓殖

　　1990 年的《美国史教学标准》将美国殖民史分为两个时期，第一时期包括美洲、西欧和西非各地在 1450 年（"相遇"）前的特点及欧洲人来到美洲进行"殖民探索"地期间各种族互动所引发的"文化和生态上"的相互影响;第二时期:殖民地期间欧洲和非洲人到达美洲的过程及与印第安人的关系,其政治体制和宗教发展的过程;欧洲的价值观和政治体制如何被移植到北美;奴隶制对欧洲人和非洲人的影响等(史寰宇,2001:54)。英国的美洲拓殖比西班牙和法国晚了近一个世纪,但是文化交融的结果却是英国后来者居上。一方面是由于英国强大的国力,另一方面是英国的殖民政策使然。

英国热衷冒险事业,1527年的一本手册中写道:"没有不能居住的土地,也没有不能航行的海洋"。伊丽莎白时期的英国面临内忧外患:经济紧张、物价飞涨、法国和苏格兰联合对英作战,而当时的西班牙在新大陆上聚敛了大量黄金白银,法国也收获了名贵的毛皮,英国不甘示弱,伊丽莎白批准了海军舰队对西班牙的突袭,试图加入对西班牙殖民地的争夺中。西班牙加紧备战,随时有可能入侵英格兰。当时葡萄牙是海上探险的先驱,但是其弱小的国力不足以维护庞大的海上领地,西班牙不时为了土地和黄金与葡萄牙人发生冲突。1580年菲利普二世终于吞并葡萄牙,葡萄牙的船只全部为西班牙舰队所用,准备向英国开战。1588年,英国和西班牙拉开战事,由于海风对西班牙不利,虽然有强大的海上舰队,西班牙还是损失惨重,这一战争一方面鼓舞了英国人的士气,另一方面让英国人加强了发展海军装备的意识。

这次胜利奠定了英国头号强国的地位,英国也准备进行海上探险的行动,其实早在1578年,英国人吉尔伯特就获得英国女王的特许状,可以"去发现不为基督教国家实际控制之下的任何遥远的、野蛮的异教土地,并且可以在那里定居"(丘吉尔,2007:422)。可惜他的几次探险都以失败而告终,直到1585年英国人在美洲大陆建立了"弗吉尼亚"(处女之地),以纪念一直独身的伊丽莎白女王。

由于伊丽莎白没有子嗣,她去世后苏格兰女王玛丽(亨利八世和第一任妻子凯瑟林的女儿)的独生子詹姆斯继承了英国的王位。虽然在他执政期间没有多大的政绩,但是在他的支持下,《圣经》的标准译本，即钦定本在 50 名学者的共同努力下得以在 1607 年完成，以前的《圣经》版本繁杂，充斥了极端的思想和主观的解读，而这个译本站在无所偏倚的角度上对原著进行了细致的翻译，无形中加强了英语民族的宗教纽带。在英国移民踏上美洲大陆时，他们往往带着这本《圣经》作为自己面对未卜命运的支柱，这本《圣经》在以后的殖民地生活中，承担了宗教教化印第安人和黑人的重要作用。

英国在相当长的时间内，迫于内忧外患的压力放慢了海外拓殖的脚步，1606 年詹姆斯一世颁发特许状准予弗吉尼亚公司向西扩展，1607 年詹姆斯一世和西班牙签订和约后，英国内部矛盾加剧，物价飞涨，圈地运动使大批农民流离失所，海外拓殖无疑成为英国缓解经济压力的一个出路。而英属第一个殖民地弗吉尼亚的烟草也的确给移民带来了惊喜。

除了经济压力，清教徒在英国受到压制，很多人远走他乡。1607 年，他们先去了荷兰，但是生活依旧艰难。1616 年，面对荷兰可能与西班牙作战的危险，他们终于决定去美洲开辟新的生活。1620 年 9 月，他们乘着"五月花"向美洲驶去。1629 年，查理一世开始独裁统治，国内矛盾加剧，更多的清教徒开始了去新大陆的自由之旅。"自从日耳曼人侵入不列颠以来，像这样的民族大迁徙活动还是第一次。撒克逊人和北欧人曾使英格兰殖民化，1000 年以后，他们的子孙又开始占据美洲大陆。将有一股股不同的移民像溪流一样汇集到新大陆，为塑造未来美利坚合众国的多重性格发挥一份作用"（丘吉尔，2007：459）。

二、语言政策的移植

虽然北美殖民地是一片蛮荒，但是当时的英国和欧洲的教育体系已有长足发展，英国先进的教育体系连同移民的习俗文化一同移植到新大陆，所以美国的教育绝非平地而起，而是建立在英国传统教育的扎实基础上。

　　据统计，全世界约有语言 6000 余种，按官方语言和通用语统计，使用英语的国家占第一位（约 44 国），法语第二（约 31 国），西班牙语第三（约 22 国）。非洲大陆有超过 1000 种语言，我国台湾岛有 20 多种语言，但是使用人数超过 100 万的语言只有 134 种。对于使用人数有限的语言来说，在主流文化盛行的时代要保留自己的语言文化是非常困难的。尤其是美国这样一个语言文化多元化突出的国家，最终英语占据了绝对优势地位，这也得益于从英国继承的语言意识。英语并非自诞生之日起就有如此强大影响，诺曼底人征服英格兰之初，法语是高高在上的语言，只有平民才讲英语，而英格兰民族的独特之处在于他们能认识到语言是民族意识的坚强纽带，所以从 13 世纪起，英语教学得到推广，英语取代法语，在文学界也开始崭露头脚。"1362 年，英格兰国会通过了关于法庭所有案件使用英语审理的提案，首次以官方形式确定英语为英格兰国语"（蔡永良，2007：15）。"到 15 世纪末，英语民族的主要特征和制度已经形成。在诺曼底征服英格兰之前，盎格鲁—撒克逊人带来的落后的日耳曼语言，已经随着时间的推移和由于教会里拉丁文的影响而面貌一新，它增加了许多源于布立吞语（Brythonic Language）的词汇。它的扩展和进化过程由于诺曼底人带来的法语而加速了，这两种语言开始迅速同化。13 世纪初的文字残存了下来，现在的一般人看过后，即使不能全懂，也能认出是一种英文。人们认为，到 14 世纪末，即乔叟生活的那个世纪，连那些最显要的人物也不讲法语了，他们统统讲英语"（丘吉尔，2004：9）。苏格兰、威尔士和爱尔兰原本都有自己的语言，但是被英格兰武力征服后他们的语言都受到了致命的打击。苏格兰位于英国北部，自 1494 年，苏格兰语既是"中产阶级和高等教育者的第一语言"，也是"苏格兰低地的公共用语"，14 世纪末，"苏格兰语取代拉丁语成为行政和文学语言"（颜治强，2002：20）。16 世纪末，苏格兰语言已发展为较为完备的语言，但由于苏格兰在政治上的地位逐渐衰弱和借用英译本传教布道，使得苏格兰英语化的倾向越来越严重。1603 年《王位联合法》的出台，使苏格兰语言地位被严重削弱；

1707 年苏格兰同英格兰合并后生活状况并没有好转，联合法规定将苏格兰语言降为次等语言。1536 年和 1543 年联合法规定："英语是威尔士唯一的官方语言，不会说英语的人不得在政府机关任职"，使得威尔士语言也难逃厄运。爱尔兰人具有很强的反抗意识，对于英语采取了顽强的抵制，但在 1831 年，国民学校制度规定"一律用英语教学"对于爱尔兰语言是一个沉重的打击，以至于今天会说爱尔兰语的人寥寥无几（蔡永良，2007：41-48）。"盎格鲁—撒克逊人在诺曼底人沉重的压迫之下能够保存和发展他们的语言，靠的就是这种母语情结；他们在英伦三岛实行语言统一最深刻的意识渊源也就是这种母语情结"（2007：51），而这种母语情结有一个明显的特征，即"自褒性"和"排他性"。这些文化意识在日后的美洲大陆上被一并传承延续。当英格兰战胜外族后又将这种民族意识无限放大，将自己的语言文化强加给外族，其结果是巩固了英语在世界的霸主地位，促使了多元文化的瓦解和消失。

印第安语言的衰落伴随着印第安人口的急剧减少。在 1492 年哥伦布发现新大陆之前，美洲有土著人 840 万人左右，其中北美和南美各有约 420 万人。16 世纪欧洲移民开始陆续侵入美洲，印第安部落的人口开始呈分阶段性的递减趋势。1800 年，减至 60 万人，19 世纪又滑向 25 万人的低谷。对于印第安人口的减少，一般认为有多方面的原因，如战争、疾病、营养不良、迁徙等。虽然有学者认为这是自然法则优胜劣汰的结果，但是欧洲人对美洲的侵入的确给印第安人带去了致命的疾病和深重的民族灾难，印第安语言也最终在内忧外患下没能逃过强族统治下的语言融合。在 1500 年，美洲共有 300 种语言，在 1940 年，尚存 149 种，但是至今很多土著语言已经彻底消失，这固然与印第安人没有文字语言有关，但是更为重要的是外来文化的侵入和征服。

美国的教育体系也是由英国移植而来，中世纪的教育仍然附属于教会，虽然大学是唯一较为独立的机构，但是对于教员的选择大权仍然掌握在教会手中。1534 年亨利八世与罗马教皇决裂，英国国教成为统治教育的新力量，主要教授神学，非国教教徒不得入学和任教，他们只能自行开设学校教育子弟，传统的文法学校主要教授古语和古籍，日常应用的英语和技能不是主要学习的内容。随着国内矛盾的加剧，这种僧侣教育已渐渐不能适应国内的需求，非国教学校增设了自然科学和商业等务实的学科，受到学生欢迎，有的学校还补充教授英语和其他语言。在管理上，学校也逐渐摆脱教会的束缚，1571 年英国法令确立大学为政治机构而非宗教机构，因而得到更多自由发展的空间。1779 年非国教教徒办学得到法律许可，进一步促进了学校教育的改革（滕大春，1994：4-8）。

欧洲很早以前就有私人捐助办学的习惯，所以北美殖民地的很多学校也受益于这种传统，殖民地的初期的教育以家庭教育为主。1635年，英国殖民者将拉丁文法学校照搬到新大陆，这种中学制度源于古罗马，中世纪随着欧洲文化教育的衰落一度跌入低谷。文艺复兴大兴古典文化的思潮，古希腊与古罗马文化再度成为教育的重心，拉丁文法学校得以继续发展，北美移民在这股浪潮下，自然会把古典文法学校移植到新大陆。上层阶级的子女通过私人教师或者私立学校接受教育，学习实用课程和古典课程。偏远居民的儿童较少接受正规教育但通常由其父母在家里教习读写和算术。1647 年，马萨诸塞通过法律，要求按照乡镇住户人数建立小学和大学，如不遵守将被罚款。

中世纪的大学教育得到了长足的发展，巴黎大学是牛津大学的原型，而北美殖民地的哈佛学院又是以牛津大学为蓝本，可见美国的大学教育深受欧洲大陆的影响。1636 年哈佛学院的建立，对于美国的教育有着重要意义，不能不称之为伟大的成就。约翰·哈佛牧师毕业于剑桥大学伊曼纽尔学院，1638 年去世前立下遗嘱，将其财产的半数（719 英镑 17 先令 2 便士和 400 册图书）捐献给当时的剑桥学院，当时的教师一年的收入也不过 70 英镑，可见哈佛牧师的慷慨，为纪念哈佛捐资助学的义举，马萨诸塞议会于 1639 年将"剑桥学院"更名为"哈佛学院"。殖民地大学以英国牛津大学为蓝本，使得美国教育具有先天的优势。13 个北美殖民地之间既相互联系，又彼此独立，他们对教育的理念和设想各有不同，但其共性在于教育阶级性，这也是继承了欧洲大陆的传统。英国教育长久以来为中上阶层所垄断，教育语言以拉丁语为主，旨在培养国家和教会的领袖。后来国家认识到民族主义的重要性，英语教学逐步受到重视，下层阶级才享受到教育的权力。1391 年理查德二世允许"佃农"儿童入学。1406 年，英国法律明确父母必须送儿童上学。北美大陆的教育也深深打上了阶级的烙印，贵族和奴隶主的孩子在教育上享有特权，他们不但可以上本地的拉丁语文法学校，还可以远涉重洋去欧洲一流大学学习，而贫苦人家的孩子大多接受学徒教育，身处简陋的校舍，遵守严苛的规则。殖民地的教育和英国的教育改革一样，古语的学习渐渐显得不合时宜。1734 年，美洲殖民地取消了拉丁文考试，学校教育更多关注职业技能和英语教育。

三、语言文化的碰撞

美国的语言史也是一部移民史。就早期美国移民来看，17 世纪来美定居的主要是英国人、荷兰人、德国人、法国人、西班牙人、爱尔兰人、非洲人和瑞典人。1500 年—1650 年来到美洲的西班牙人为 43.7 万；1608 年—1760 年移民北美的法国人为 5.1 万；1683 年—1783 年的德国移民为 10 万（蔡永良，2007：96）。英国人作为最大的移民团体，凭借英国的支持，很快就在殖民地占据了统治地位，而他们的美洲居民几乎都是由外来民族构成的，即便是最古老的印第安人，也是在 15,000—25,000 年前由亚洲陆续迁入。美洲众多的族群所使用的语言主要有三大类：印欧语系（包括拉丁语族和日耳曼语族）、印第安语言和其他语言。欧洲文化和美洲文化的接触始于 15 至 16 世纪，西班牙人、法国人、荷兰人和英国人先后从大西洋海岸向俄亥俄河流域、大湖区和密西西比河流域扩张。

在哥伦布发现新大陆前，只有印第安人居住在美洲，他们的生存状态既原始又简单，当时的人口仅有两千万，很多地方还没有开发，大部分居民生活在现加拿大和美国中北部及南部。经济的落后不代表文明的滞后，印第安人曾经创造的玛雅文化和印加文化享誉世界，他们种植的玉米、马铃薯和烟草不但帮助了美洲移民者扎根，还为世界农业发展做出了贡献。印第安人相信"万物有灵论"，他们崇拜自然。美国境内的印第安人虽然没有文字记录历史，但是创造过辉煌的文明。他们有独特的艺术禀赋，"善于绘制几何图案并用以装饰衣着"。印第安人的音乐与舞蹈相伴，"既是一种艺术，又是一种祈祷仪式"，他们具有丰富的地理知识，那些至今使用的印第安语地名可以佐证（张友伦，1999：144）。欧洲殖民者踏上美洲大陆后，大量印第安人被屠杀，印第安人为了生存，只能在环境艰苦的保留地生活，印第安文化的发展也随之衰落。

在欧洲人登上这片陌生的土地之初，他们首先的问题是生存。他们发现印第安人的语言是如此之多，几乎村村不同，大致算来，共有几百种语言，这对于想在美洲发家致富的殖民者来说是不小的难题，所以早期的交流主要靠手势和图片。印第安人对异邦人好奇而友好，向欧洲人伸出援助之手，帮助他们种植庄稼，从事农业生产和教授他们防止野兽侵袭的方法，"次年秋收后，这些外来者邀请土著共同庆祝——这个象征英国人与印第安人友好的日子，后来成为北美移民最重要的节日之一，即感恩节。不管之后的三个世纪北美人如何解释感恩节之'感恩'的涵义，事实是，第一个感恩节的内容，的确包含着感谢印第安人的真诚。寒来暑往，英国人与印第安人的友好关系虽然脆弱，还是持续了 55 年"（刘苏里，2006：1）。而欧洲人不满足于仅仅在美洲安居乐业，他们需要的是金钱和土地，欧洲人以文明人自居，歧视印第安文化，而笃信万物皆有灵的印第安人也厌恶欧洲移民的贪婪残暴，为自己独特的文化自豪。所以在短暂的和谐相处之后，殖民者和印第安人的冲突不断，矛盾日益激化。

殖民之初，西班牙人就征服并摧毁了印第安人创建的两个文明帝国：墨西哥的阿兹特克帝国和秘鲁的印加帝国。西班牙殖民者对印第安人任意屠杀奴役，强迫印第安人从事体力劳动，剥夺了他们受教育的权力，于是一些有良知的西班牙人开始在国内反对，如被称为"印第安人的改革者"的卡萨斯（Bartlome de Las Casas，1474—1566）。他强烈反对西班牙殖民者对印第安人的奴役，建议在印第安人聚居区建立教堂和学校，从而教化印第安人。虽然他的计划当时没有被采纳，但是天主教的传教士已经积极行动，给印第安人教授西班牙语和传教，并开办学校。1551年，西班牙国王下令在西属美洲大陆上开办两所大学，慈善机构和学校陆续建立，欧洲文化在美洲传播开来（S. E. 佛罗斯特，1987：294）。

在美洲实行过殖民统治的国家中，英国对美洲殖民地的冲击最为强烈。移民和印第安人的交往又使美洲在文化上受到很大冲击，殖民地以前的北美大陆仍然处于原始社会，是一块田园诗般的乐土，具有淳朴的民风、原始的狩猎和耕作方式，而当时的英国正从封建经济迈向资本主义经济。两种截然不同的文化和生活方式相遇，经济上处于优势地位的英国殖民者对于印第安人的原始生活状态嗤之以鼻，认为他们还处于人类发展的低级阶段，印第安人多样化的语言是落后粗鄙的。对于印第安人，他们在对抗外敌的时候利用他们，在需要土地的时候驱赶他们。1758年，英国军官阿默斯特受命阻止法国侵扰英属殖民地，给国务大臣皮特的信中说印第安人"是一群懒骨头，喜欢甜酒，一无是处，不过当我们采取攻势的时候，他们或许有些用处。法国人非常害怕他们。他们的人数越多就越可怕，可能会产生积极的作用"（丘吉尔，2007：712）。

欧洲殖民国家在美洲大陆的战争中常将印第安人牵涉其中，由于印第安部落众多，各自为营，往往成为殖民者掠夺美洲资源的工具，这也是印第安人人口减少的原因之一。富有讽刺意味的是，在美国独立战争中，帮助英国殖民者的不乏印第安人，可见殖民者和印第安人之间既有矛盾又有联合，而客观上，欧洲文明与印第安人的本土文化发生了碰撞，加剧了美洲语言文化多元化的特点。出于美洲殖民地发展的需要，大量移民来到美洲，不同文化在碰撞中融合，表现出丰富多彩的一面，外来移民来自各个阶层：有牧师和律师，有小农场主和技术工人，也有处于底层的契约奴。印第安语只有语言，没有文字，这也给语言研究造成了一定难度，幸而殖民地时期有的欧洲人对印第安语发生了浓厚的兴趣，保留下了一些印第安语言的珍贵资料，如乔纳林·鲍彻尔牧师的《古体词和地方用语汇编》和约翰·皮克林的《美国特有语汇或单词短语汇编》。杰斐逊总统认为美国英语是美国多民族语言的融合体，从词汇变迁的角度上来说尤其如此，大量印第安语和欧洲大陆语言被美国英语借鉴和吸收。

在美国社会，英语的绝对领导地位弱化了其他语言的重要性。英语为美国的通用语，但由于地理位置的不同、历史的变迁，尤其美国作为移民国家的背景，美英两国语言已产生了很大的差异，美式英语在拼写和发音及习惯用法上和英式英语不尽相同，美式口语也不过分拘泥语法，同时，多民族的文化背景极大地充实了美语的词汇，这就演变出了具有美国特色的美式英语。随着美国的发展壮大，英语在北美洲特殊的文化、历史、社会环境里形成了自己独特的形式和含义（蔡昌卓，2002：4），而美洲的其他语言，也悄然发生着变化，最明显的是印第安语和其他少数民族语言的流失和衰落。据统计，美国现有语言 380 多种，但是从 1492 年起，几十种甚至上百种语言已经消失，有很多没有留下任何痕迹。而其他能够保留至 20 世纪的语言经过语言学家的追踪和调查才对其稍有了解。

美国移民以欧洲人为主，主流文化也以欧洲的盎格鲁—撒克逊文化为基础。美国政府为了巩固国土，增加国民凝聚力，多年来一直致力于把所有外来移民改造成一个地地道道的美国人，经过历届政府的措施，美国同化的效果愈发显著，但是语言融合不能从根本上使移民抹去心灵深处的民族心理于母国文化传统的影响（2002：24），因此同化和多元化并存始终是美国文化的主要特征。

英国的海外拓殖，虽然较西班牙等国有长远的计划，但其目的都是服务于宗主国，殖民地在经济上的发展必然受宗主国的制衡，这也为日后北美殖民地争取独立埋下了伏笔。1699 年，英国国会制定法规，禁止在美洲发展工业。17 世纪，为了促进英国的海上贸易，英国政府又颁布了《航海法》，禁止殖民地和其他国家发生贸易联系，这些法令完全忽视美洲的发展需要，当然受到殖民地的反感和抵制。而派往美洲的官员也并非出于殖民地的需要而委派，而是一种国王的恩德和赏赐。18 世纪中期，殖民地官员和议会立法机构的矛盾加深，殖民地议会试图摆脱帝国政府的限制和干涉。1733 年，佐治亚殖民地吸引了许多英国以外的移民迁徙定居。经过数年与法国的殖民地争夺战，英属殖民地已大大拓展了疆土，包括乔治·华盛顿在内的很多种植园主违抗英国的禁令，向印第安人买来大片土地。1765 年英国国会通过的《印花税法案》遭到了殖民地的强烈反抗。1770 年在波士顿发生了流血事件，激化了英国和殖民地之间的矛盾。1775 年4 月，驻波士顿英军与殖民地民兵发生冲突，独立战争爆发，各殖民地开始联合反英。1776 年 7 月 4 日，第二次大陆会议上各州代表表示了要求独立的愿望和决心，组成由乔治·华盛顿任总司令的"大陆军"，并通过《独立宣言》，正式脱离英国，宣布建立美利坚合众国。《独立宣言》宣称"人人生而平等，他们从造物主手中得到不可剥夺的权力，其中包括生存、自由和追求幸福的权力。"著名的《独立宣言》激发了各殖民地的热情和希望。

在独立战争中，印第安人和德国移民发挥了重要的作用。1783年，英美签订《巴黎条约》，独立战争结束。1787 年通过美国第一部宪法并一直延用至今。1789 年华盛顿当选为第一任总统。1787 年的宪法，确立了资产阶级民主原则和资产阶级共和政体，但违背了《独立宣言》中"人人生而平等"的原则。"宪法和权利法案都没有涉及到对平等权力的保障问题，特别是不同种族之间的不平等问题还在宪法中被确认，黑人被规定只有 3/5 的选举权，印第安人、妇女和穷人也都被排除在拥有选举权之外"（李其荣，2005：80）。

1787 年，在联邦会议上，独立战争中的杰出领袖乔治·华盛顿被一致推选为主席，美国政府借鉴孟德斯鸠的均权政治学说，建立了"三权分立"的政治制度，即立法、行政、司法三项权利彼此独立而互相制约。乔治·华盛顿作为一位赞誉颇高的总统，对于外来移民却有着深深的不信任。在战争时期，军队的重要职务将外来移民排除在外，即便在和平时期移民政策趋向开明，也是带有浓厚的功利色彩，只有那些"有用的技术工人和一些特定的及有所专长的人"才是美国真正需要的，如乔治·华盛顿所言："因为大批的移民会带来他们自己的语言、习惯、准则，但如与我们的人民杂居，他们及后代将被我们的习惯、准则、法律同化"（蔡昌卓，2002：19），从美国政府成立的那天起，美国的移民政策和语言政策都是以此为基调的。

无论是开明的杰斐逊还是一度保守的富兰克林，当他们意识到移民对于美国繁荣的重要性时才积极提倡移民。时任财政部长的亚历山大·汉密尔顿在1791年发布重要的《制造业报告》，由于自己就是移民的家庭背景，他更能体会到移民对于美国繁荣的重要性。罗斯福和威尔逊也沿袭了前任历届政府的宗旨，但他们所接纳的是对美国发展有用的人，而非那些不具有美国的价值观和文化特征的移民。

1492年前的北美仍然处于母系氏族社会，社会经济不发达，印第安人为主要居民，有其独特的语言文化，对于北美的开发起到了基础性的作用。当时的印第安人有38万左右，可是随着欧洲殖民者的到来，欧洲殖民者为了掠夺北美的土地，对印第安人实行了驱赶和屠杀政策，印第安人口锐减。纵观历史，文化融合理应是人类文化发展的契机和动力，但是美国殖民史上白人文化与其他种族的文化碰撞却导致了"极不平衡的文化关系格局"（李剑鸣，1994：2-6）。以印第安人为代表，在1500年，美洲共有300多种语言，在1940年，尚存149种，但是至今很多土著语言已经彻底消失，这固然与印第安人没有文字有关，但是更为重要的是外来文化的侵入和征服。印第安文化的最大特点是语言、宗教和价值伦理观的多样性。但是由于其生产方式的落后，语言的复杂多样，加之强敌入侵，彼此实力悬殊甚巨，印第安人被欧洲人征服也是历史的必然了。但是欧洲人为了规避其沉重的道德包袱，没有完全将印第安人赶尽杀绝，在其"帮助野蛮人文明化"的外衣下，最终选择了以文化征服为手段扼杀印第安人的民族自尊感，成为合格的美国公民。正是这种意识，使得他们完全不顾及印第安人的文化权利和文化价值，加速了印第安语言和文化的消解。

四、语言的融合与变迁

马萨诸塞殖民地的建立充满了浓厚的清教主义色彩，奠定了美利坚民族文化的基础，盎格鲁—撒克逊文化成为美国的主流文化。18世纪初"无论从人口的遗传特征还是从国土的景色风光来看，美国都是一块欧洲土地。整个国家由欧洲人控制着，其制度和思想均来自欧洲"（S. E. 弗罗斯特，1987：370）。美国著名诗人惠特曼写到："美利坚合众国是一首最丰富的歌，它不仅是一个民族，它是由许多民族组合成的民族。"各个民族长期在一起生活和交往，逐渐产生了语言融合和变化，英语也因美国复杂的族群出现了大量创造和借用的词汇。随着时间的推进和社会环境的影响，各民族的后裔纷纷融入了以英语为主导语言的社会，但是各个民族文化的痕迹仍镌刻在美国英语之中，成为美国多元化文化的一部分。

各个民族长期在一起生活和交往，对美国语言产生了巨大影响。除了印第安语和非洲语言，还有很多欧洲语言也逐渐融入美国英语：如荷兰语、德语、法语和西班牙语等。还出现了三种杂交形式的语言：买卖行话（trade jargons）、皮钦语（pidgin）和克里奥语（Creole）（蔡永良，2007：67）。此外，英语因美国复杂的族群出现了大量创造和借用的词汇。美国有大量地名源自印第安语，诸如马萨诸塞州（Massachusetts）、肯塔基州（Kentucky）、俄亥俄州（Ohio）、密歇根州（Michigan）、密西西比州（Mississippi）、密苏里州（Missouri）等，还有一些与印第安人日常生活相关的词语，如toboggan（平地雪橇）、moccasin（鹿皮靴）、pemmican（干肉饼）、hickory（山胡桃树）、squash（南瓜）等。

随着时间的推进和社会环境的要求，各民族的后裔纷纷融入了以英语为主导语言的社会。首先，伴随着印第安人口的急剧减少，印第安语言迅速衰落。1492年哥伦布发现新大陆之前，美洲有土著人840万人，其中北美和南美各有约420万人。16世纪欧洲移民开始陆续侵入美洲，印第安部落的人口开始呈分阶段性的递减趋势。1800年，减至 60 万人。战争、疾病、营养不良、迁徙无疑是部分原因，但是欧洲人对美洲的侵入难辞其咎。白人成为美洲大陆的主人后，面对当地印第安人的反抗，主要采取了武力征服向教育同化过渡的手段来巩固自己的统治。教育同化以社会进化论为基础开始了对印第安人全面改造的过程，其后果相当严重：1. 摧毁了印第安人的心理基础；2. 造成了印第安人的文化传承断层；3. 促使了印第安语的衰亡（蔡永良，2003：82）。随着政府对于强制英语学习的开展和推广，19 世纪的印第安人开始向标准英语靠拢，到了 20 世纪，越来越多的印第安后代出于主观和客观的各种原因，开始自觉地遗忘自己民族的语言。

17 世纪末，德国移民纷纷来到宾夕法尼亚州，人数逾 20 万。德裔移民占美国人口的四分之一，早期的德裔居民对于自己的文化传统相当重视，他们在聚居的居民区内沿袭着自己特有的风俗习惯，有自己的德语报纸和德语学校，也基本不与外族人通婚，在殖民时期的很长一段时间完好地保存了自己的语言文化传统，让身处宾州的英国人如置身于异邦。在殖民时期的后期，由于德裔人口众多，很多出版物都以德文撰写，德语应用人口之广，引起了当局的恐慌。独立战争之前，"富兰克林 1751 年呼吁暂停德国人移居宾夕法尼亚州，其他人则提出不懂英语的德裔议员没有大会的投票权，非英语起草的法律文书一律无效"（杨寿勋，2003：30）。当大批德国移民到达美国时，政府害怕聚居地德国移民会危及美国的语言，后来德国移民被迫分散到各处居住。英文学校在德裔居民区的建立，英国主流语言文化的强大压力，终于使得德裔渐渐失去了自己的民族特质，德国语言和文化如一条涓涓细流，最终流入美国这个浩瀚的汪洋大海。

北美幅员辽阔，需要大量劳动力，欧洲殖民者起初想强迫当地的印第安人来开垦种植，但是由于人口有限，加之易于逃跑，印第安人不能满足美洲拓荒的需要，大量移民以劳工的身份来到美洲，1774 年，哈罗威（John Harrower）因无法支付前往美洲的费用把自己卖给了一个船长，成为了一名契约奴（Indentured Servant）。除了成人，还有大量贫苦儿童以契约奴的身份被送到美洲，如 1609 年伦敦的弗吉尼亚公司从贫困儿童管理部门购买了 100 名儿童，这些儿童在美洲所接受的教育为学徒教育，他们通常与老板签订 5 至 7 年的合约，在此期间为老板工作，时间和劳动的强度由老板决定，没有老板的许可不可结婚，甚至可以任由老板鞭打和买卖。作为 17 世纪北美殖民地最常见的劳动力，契约奴约占全部移民人口的一半。根据美国官方 1680 年估计，这种运往北美洲的白人契约奴当时每年约万人。

到了 18 世纪，由于黑人体格健壮、远离家乡，成为白人契约奴的最佳替代品，1619 年，一艘荷兰帆船装运 20 余名黑人抵达弗吉尼亚。此后 100 年间，北美 13 个殖民地的黑奴数目与日俱增，18 世纪初共有黑奴 6 万人，1775 年激增到 50 万人。1713 年西班牙王位继承战争（War of the Spanish Succession）结束以后，英国通过《乌特勒支和约》获得美洲的大块土地，并且取得了在西班牙殖民地贩卖奴隶的权利。从此，英国日益成为欧洲大陆最大的奴隶贩子。以种植园奴隶制为基本特征的黑人奴隶制就在北美殖民地出现了。到 18 世纪中叶，北美殖民地的 40 万黑人奴隶中，绝大部分在南部种植园区辛苦耕作。黑人奴隶的生活犹如人间地狱，完全作为活的工具供主人驱使，奴隶主可以随意转让、出卖，也可以随时虐待、处死黑奴。贩卖奴隶造成了非洲黑人人口的大量减少，从 16 世纪到 19 世纪末，非洲损失了 6 千万人口。在 17、18 世纪时，非洲人口约占当时世界总人口的五分之一，而到了 20 世纪初，只占十三分之一了。黑奴面对残酷压迫，经常会逃跑或反抗，农场主为了防止黑奴反叛，使用来自非洲不同区域的黑奴。由于他们的语言不同，产生了混合语，也就是黑人英语，黑人英语在语音、语法和词汇上和美国英语都有明显的差异。

由于他们早年被欧洲人大批贩卖到美洲当奴隶，所以黑人移民的人口仅次于英国移民。美国政府对于美国黑人既同情，又有着根深蒂固的歧视。南北战争前，南方基本没有公共教育，黑人有限的教育得益于传教士，但奴隶主害怕黑人受宗教的教化而争取自由。18 世纪中叶，法律明文规定：成为教徒不意味可以获得自由，且禁止教授黑人写字。北方的风气自然开化很多，但是黑人学校和白人学校分开而设。这段时期，最乐观的估计，成年黑人中也仅有百分之十识字。黑人语言在美洲的发展经历了四个阶段：从最初的（混合语）洋泾浜语到克里奥尔语再到古拉语，最后发展成为本世纪 60 年代以来的黑人语言（蔡昌卓，2002：175）。在殖民地时期，黑人无权使用和继承自己本族语，因为他们被贩卖到美洲后，白人为了破坏非洲黑人的凝聚力，巩固白人的统治，往往将他们拆散，让分居在各处。为了彼此交流，非洲各个语言混合使用，产生了混合语（pidgin），下一代奴隶伴随着这种混合语长大，对于他们来说这是他们的母语，称为"母语型混合语（creole）"。而黑奴为了和主人交流，则学会了一些简单的英语，后来发展为具有自己民族特色的语言变体。黑人英语（Black English Vernacular）保留了一些非洲词汇：yam（薯），tote（搬运），buckra（白人），也带有针对白人的词：redneck，peckerwood（又穷又俗的或南方白人），还有一些反语，如用 bad 表示 good（颜治强，2002：34-35）。英语在美国的广泛应用，是建立在限制"弱小民族的语言文化基础之上的"，而黑人方言则是一种在民族压迫下产生的"民族自觉的一种表象"（蔡昌卓，2002：177）。

操英语的开拓者到美洲定居伊始，就发现自己处于一个极为多元的语言文化环境中。在早期美国，多语主义和多方言主义倾向相对比较明显，人们也有与之相应的语言态度和语言意识。如前所述，17世纪时，美国印第安人和非裔族群的话语中就有洋泾浜式的英语，英语也因美国复杂的族群出现了大量的借用词，并且人们对语言的多样性和语言兴趣均基本持公开的尊重态度，这就是语言的融合，但由于英国在美洲的拓殖，盎格鲁—撒克逊文化成为美国的主流文化，加上英国人从一开始就执行的同化政策和随后社会环境的影响，各民族的后裔纷纷融入了以英语为主导语言的社会，这又形成了语言的变迁。美国英语的形成，建立于限制和牺牲少数民族的语言之上。从美国政府所颁布的一系列法律法规不难看出，单语主义和标准化在美国建国前的语言政策中已现端倪。

五、殖民地英语教育的特点

美国建国前的语言政策根植于欧洲大陆的教育传统，一方面得益于优良的教育资源，另一方面又具有鲜明的阶级性；多民族的特质被熔炉融化，少数民族语言被消解，而各个种族之间的矛盾却日益激化。这一时期的英语教育具有以下特点：(1) 当地语言无论是否用于教育，地位都很低下。(2) 从中学起，往往照搬伦敦的教育模式，而且实行单语制。(3) 忽视当地的传统和教育方式。(4) 提供死抠书本的不适当的教育，目的是培养一个顺从的管理阶层和一个效忠的特权阶层。(5) 教育在"教化印第安人"中发挥着核心作用。(6) 赋予英语教化的作用（Phillipson, 1994: 9-10)。

殖民时期的语言政策以宗教同化实现语言同化，偶尔出现的双语教育也是以宗教同化为目的，"当 1664 年英国人踏上曼哈顿的陆地的时候，当时的北美大陆上就已经有 18 种不同的欧洲语言和 500 种印第安语言了。在当时，使用两种甚至更多的语言被看作是沟通的必要。但遗憾的是，现存的关于双语学习的文献少得可怜。双语在美国并未得到足够的重视，反而被看成是被迫之举……"（史静寰，2001：326)。双语教育的源头可以追溯到 1631 年约翰·艾略特的传教活动，最初英格兰人坚持用英语教育传教，但结果并不理想，也有一部分人主张用原住居民自己的语言传教，而艾略特采取了折衷的态度，那就是采用英语和印第安语双语布道，他意识到只有用印第安人自己的语言，才能更拉近和印第安人的心理距离，获得他们的认同，也就更容易达到说教的效果（2003；202-203)。早在 1631 年，美洲本地语言在对印第安人的教育上就发挥着重要的作用，以传教士最为盛行。因为用当地语言更能打动印第安人的心灵，所以他们在翻译的帮助下，为印第安人提供当地语言的圣经，用当地语言解释，而用英语传教的结果却不尽人意，如史蒂芬·瑞兹（Stephen R. Riggs）所言（1880)"19 世纪 30 年代教授苏族人英语'极其困难，没有什么明显的效果。'"（teaching English in the 1830s to the Sioux "to be very difficult and not producing much apparent fruit") (p. 61). 由此再次证明了本族语在教育中的重要性。英语的隔膜感必然增加传教士和印第安人的距离，以及对宗教的怀疑。

在学校教育中，教师也发现了英语教学的差强人意。当学生终于可以流利地用英语朗读课文时，他们事实上并没有理解文章的意思。1675 年，菲利普王战争爆发，殖民者和印第安人矛盾激化，殖民时期刚刚出现的双语教育也被迫画上了句号，因为当局认为双语教育在一定程度上维护了印第安人的民族凝聚力，不利于政府的统治，因此在其后的年代里，规定传教的唯一语言为英语。唯英语教育也就成了美国建国时期的语言政策导向。但是美国的双语教育并不是针对所有少数民族，"人们只是重视一些操北欧语言的学生的双语教育，对于说西班牙语和印第安语的少数民族学生实行的是不公平的语言政策"（史静寰，2001：326）。如果学生在学校使用自己的母语，会被老师施行各种体罚，包括用肥皂来洗学生的嘴等（326）。这一时期的双语教育服从于同化少数民族文化的需要，符合美国强调保持并发展本民族语言文化的主导思想。

美国语言政策必定受一定的思想观念的导向，而从西方文化历史来看，其渊源：一是欧洲语言的优越感，二是传播英语的使命感。欧洲移民大量涌入带来的直接结果就是欧洲人与当地印第安居民的矛盾冲突及欧洲文化与少数民族文化的碰撞。欧洲语言文化观念带有"自褒性"，即认为语言有尊卑善恶之分，代表着西方先进文化的语言被认为是最文明最高贵的语言，而以印第安语为代表的少数民族语言被认为是落后的、野蛮人的语言，应该被废弃。多纳德·威尔森曾言："在历史上的一个时期，某些观点会是极度权威和确定并被毫无疑义地接受的，然而在另一个时期则会有与之完全相反但也会同样广泛地被接受的新的观点出现，并且也是同样非常权威和不容置疑的"（史寰宇，2001）。在这种思想导向下，印第安人，尤其是印第安的学生被强迫学习英语，不允许他们在学校说自己的语言，否则将受到严厉的惩罚。在耳濡目染了多年之后，印第安的小学生在文化冲突的痛苦中成长，部分屈从于学校的压力，慢慢与自己的历史文化剥离，部分预见到民族语言同化的严重后果，采取不合作的态度。但是对于处于弱势的印第安部落，一个不可逆转的结果是，印第安语的种类在短短几十年间骤减，而大多数印第安的年轻一代已完全不会使用自己祖先的语言。

美国建国前的语言政策制定者认为语言统一是国家统一的必要条件，无论政策对于少数民族而言是改善还是恶化，政策背后的本质是为统治阶级服务。"世界化并不仅仅局限于商贸往来或信息交流方式的全球化——今天的世界，每两个星期就会有一种语言从世界上消失，随之，与之相关的传统、创造、思想、历史和文化也都不复存在。但并不应该将这种现象视为必然，不应该认定世界化必然会导致语言与文化多样性的消亡，不应该屈从于一种语言的霸权，如果所有的国家都说同一种语言，按照同样的方式思维和行动的话，那么国际范围内极有形成一种极权制度的危险。总之，语言的多样化是促进一种真正的和平文化的途径"（布托·布托—加利，2002：8）。

六、语言政策的走向及实质

移民的大量涌入使得美洲早在殖民时期就存在教育语言多样化的情况，初始的语言教育带有浓厚的民间色彩，因而有的学者认为殖民时期的语言教育属于民间自发行为，不带有政治意义，然而事实并非如此。美国的语言政策决不是在建国后才形成英语一统天下的局面。

美洲的立法机构于 1628 年建立，1642 年，美洲殖民地第一个教育法颁布：《马萨诸塞学校法》（The Massachusetts School Laws）。该法规定社区必须帮助父母为孩子提供学校和教师，马萨诸塞规定"要求政府官员'要经常地重视儿童的家长和师傅及儿童自己，特别是要重视儿童阅读和理解宗教原理及国家主要法律原理的能力。'无论何时发现忽略这些事，政府就会把儿童从其父母和师傅那里领走，让他们跟别人学徒"（S. E. 弗罗斯特，1987：295），以保证儿童受到教育。1642年，弗吉尼亚通过一项法规：父母有义务保障儿童接受基本的读写知识和职业训练。1682年，宾夕法尼亚规定必须对所有儿童进行学徒训练。对于下层的贫困儿童，必须教给他们基本的贸易知识和技能以供生存。1647年颁布的《老迷惑者撒旦条例》（Old Deluder Satan Act）被称为美洲公立学校体系的基础。撒旦是魔鬼的代名词，根据《圣经》的解释，撒旦的罪行之一就是不让人们认识《圣经》，而不受教育，就有可能因无知受到撒旦的蛊惑。这项法令对初级教育和高等教育做出了规定："每个乡镇区，有50户时就要指定一人教所有儿童读和写……每个乡镇增加到100户时，要设立一所文法（拉丁）学校，教育青年，适合哈佛大学的需要。"初期的语言政策无一例外地强调了拉丁语和希腊语的重要性，美洲的语言教育受欧洲文化传统的影响甚深，重拉丁文和希腊文而轻英文。以教师的工资为例，普通教师一年的工资为20英镑，而拉丁文法学校的老师为40或60英镑，相差2到3倍，因为拉丁文被作为古典教育的基础，是进入高等院校的一道门槛。想要进入哈佛大学，必须能够"当场阅读西塞罗的作品，用拉丁语交谈和写作，写出希腊文动词和名词的词形、变格与词性变化"（S. E. 弗罗斯特，1987：386）。因此拉丁文法学校是中学的主要形式。作为已经故去的语言，拉丁语和希腊语的学习却极其枯燥，在课堂上，教师和学生一律使用拉丁语，对于日常生活中应用英语的学生来说，需要耗费极大的精力。许多欧洲教育者和美洲教育者强烈呼吁，反对学生耗费七八年宝贵的时光用于研究古代的语言，因而渐渐受到大众的冷落。17世纪开始，英语授课学校逐渐取代拉丁文法学校，而注重实际应用能力的私立学校也开始大量设立。18世纪的学校完全抛弃希腊语和拉丁语，转而培养英语和职业训练。课本随着新科目的出现也不断被改进。1660年，美洲出现了《新英格兰初级读本》，这本教材在美洲的各个学校广泛应用，书中贯穿了宗教思想和说教，如以《圣经》内容解释单词："在亚当（Adam）的堕落里，我都犯罪了。/《圣经》（Bible）的心意，希望人找到天堂。/基督（Christ）为罪钉死在十字架上。/洪水（Deluge）

淹没了大地……"（Kennedy J. & J. Newcombe）。书中也鼓励学生为
更好的生活去学习，如"没有学会 ABC 的他，将永远是一个傻瓜；
学会课本的他，很快就会找到金银荣华"（S. E. 弗罗斯特，1987：
305）。美国第一本英语语法课本是 1740 年在英国出版的托马斯·迪
沃思（Thomas Dilworth）的《英语语言最新指导》（*New Guide to the
English Tongue*）。1784 年诺亚·韦伯斯特（Noah Webster）编写的
《初级拼写课本》（*Blue-backed Spellor*）成为通用教材，其内容与殖
民地最早的英语课本已有根本性的变化，从语音到拼写，还有补充
的阅读读物，都不再有沉重的宗教教义。其他语法书还有 1795 年林
地利·默里（Lindley Murray）的《英语语法》、1799 年凯莱布·宾
厄姆的《女子词法》。这些书籍反映了英语教育逐渐成为美洲教育的
主流。

随着美国的商业化进程加快，英国移植而来的传统教育已经不能
适应新大陆的社会生活要求，需要开设更实用和新式的课程培养年轻
的一代。富兰克林在 1749 年发表了"关于宾夕法尼亚青年教育的建
议"（Proposal Relating to the Education of Youth in Pennsylvanian），他
在书中强烈要求建立新式学校：数学学校、英语学校和古典学校，且
认为"中学"应该教授英语（S. E. 弗罗斯特，1987：370）。这项建
议终于在 1753 年得到政府批准。1755 年升级为学院，更名为"宾夕
法尼亚州立大学"，为第一所由法律确认的州立大学。根据 1784 年
和 1787 年的州法令规定，州政府有权管理州内所有学校，并任命了
董事会负责指定学校的各项准则并监督其执行情况。各个学校的语言
课程有：拉丁语、希腊语，女生的外语课程还有法语。宾夕法尼亚
州位于殖民地东部，居民以清教徒居多，移民种族复杂，除了英国
人，还有瑞典人、德国人和瑞士人等，原荷兰殖民地阿姆斯特丹（现
纽约）有众多非英语国家的移民，如德国和瑞士，"当时的移民共分
九村，各设学校，各以教堂、私家或酒馆为校舍"（滕大春，1994：
54）。1664 年被查理二世的弟弟詹姆士买下，成为英属殖民地，当时
阿姆斯特丹已俨然一个小型的世界村，据说可以听到 15 种语言，有

荷兰人、英国人、瓦龙人、瑞典人、芬兰人、葡萄牙人和非洲人，因为荷兰在 1609 年—1664 年先于英国占领阿姆斯特丹，所以 1633 年就建立了荷兰语学校，当时的荷兰语学校曾与新建的英式学校并存，但以后全部由英式学校代替。由于宾夕法尼亚德国移民众多，政府禁止用德语教学和排斥德语文化。1727 年宾夕法尼亚州议会要求"16 岁以上的德籍男性移民必须宣誓效忠英皇"，对德裔移民的条件也愈发苛刻，遭到德国移民的强烈反抗。富兰克林对于德国移民的民族凝聚力采取较为激烈的态度，认为德国居民不说英语，不设英语学校是离心离德的表现，促使议员提案，限制德文书籍入境，选民必须掌握英语，在德国移民区开设英语学校并鼓励英德居民通婚（滕大春，1994：131）。一系列政策之后数十年就显示了成效，德国移民逐渐将英语作为生活语言。

从 16 世纪起，欧洲殖民者的入侵改变了印第安人的自然发展状况。北美洲的印第安人大多被殖民者消灭，幸存者被迫住进保留地。殖民地初期，移民初到一片蛮荒之地，生存上升为最为重要的问题，因而英国移民的教育也是相当简陋，对于印第安人的教育就更无暇顾及了。随着白人与少数民族矛盾的加深，一些基督徒们试图通过宣传宗教教义来缓解各民族之间的冲突。对于宗主国而言，宗教是借以缓和殖民地矛盾的良药。1617 年，詹姆士一世命令殖民地主教捐款为当地印第安人建立学校，使他们皈依基督教，这体现了英国僧侣教育的传统。1619 年弗吉尼亚公司拨款成立大学，其中的宗教事业部就负责以宗教手段缓和印第安人的反抗。这种慈善学校大多以私人捐助为主要经济来源。当英国移民者在北美大陆安顿下来后，为了获取更多的利益，开始侵犯曾经帮助过他们的印第安村落，强占他们的土地，"前任部落酋长波瓦坦曾警告入侵者说：'你们可以用友爱向我们取得东西，为何一定要用武力夺取呢？……收起你们那些引起我们戒惧的刀枪吧，否则你们也会同样遭受灭亡的。'可惜殖民者并没有认真对待这个警告，而是越来越频繁地侵袭印第安人的村庄，强占他们的土地"（张友伦，1999：147）。1622 年 4 月，新酋长奥培昌堪娄对分布在詹姆斯敦城堡外的居民点发动了突然袭击，激化了英国移民和印第安人的矛盾，殖民地印第安人的教育问题因此一度搁置。

为了缓解种族冲突，1650 年，政府要求哈佛学院要对英国青年和印第安人一并实施教育，但是进入哈佛学习的印第安学生极少，仅有两人毕业，更不幸的是，这两个唯一的印第安人毕业生不久就去世了。1661 年，弗吉尼亚通过了一项鼓励殖民地建立大学的法案，但是直到 1693 年才着手实施。在伦敦教会主教布莱尔的积极筹措下，英国王室和弗吉尼亚教会捐出了大笔财物，成立了威廉—玛丽学院。而建立大学的目的是传播基督教来教化印第安人，但 1675 年的菲利浦王战争恶化了印第安人的教育进程。一位名叫菲利普的印第安人被称为"菲利普王"，由于他担心白人的势力会威胁到印第安人的生存，劝说几个部落共同对付英国人，最后他遭人背叛于 1676 年遇害，菲力浦王最终与自己的小邦同归于尽，他只是留下一句让殖民者心惊肉跳的话："拼必死之命，殉必亡之国（determined not to live until I have no country.）。"印第安人也几近灭绝。著名的海外福音会在 18 世纪初，扩大了传教的范围，黑人也被纳入其中（滕大春，1994：56）。但是宾夕法尼亚的德裔居民对此非常抵触，受到的影响较小。印第安人在宗教氛围浓厚的学校耳濡目染，到 1675 年，新英格兰有 1/5 的印第安人成为基督徒。

殖民时期，"国外传播福音协会"在大多数美洲殖民地兴办了慈善学校，还向印第安人和黑人布道，但南方殖民地各州通过立法禁止黑人读写，以此确保对奴隶的统治地位。1787 年，"解放奴隶协会"在纽约成立了"纽约非洲人免费学校"，为黑人受教育提供了宝贵的机会。奴隶制度下，美洲的黑人是教育的弃儿。从 1647 年清教徒艾略特夭折的设校计划，到 1717 年清教徒马兹实施数月即关闭的夜校，历经几十载，黑人教育依旧停滞不前。殖民地时期的黑人绝大多数是文盲，只有个别机灵的奴隶能有幸从奴隶主那学到一点读写和计算的知识，如果谈到黑人教育的启蒙，应始于 1701 年纽约成立"美洲印第安人和黑人福利社"。英国"国外传播福音协会"在大多数美洲殖民地兴办了慈善学校，还向印第安人和黑人布道，奴隶主害怕受到教育的奴隶会奋起反抗，南方诸州纷纷以法律的形式禁止教授黑人写字。南卡罗来纳州规定凡教黑人从事书写者，罚款 100 磅。"1712 年黑人发生抗暴活动，很多工厂主将其归咎于 1704 年英国国教会设立的黑人学校，使得黑人学生锐减"（滕大春，1994：640-641）。1787 年，"解放奴隶协会"在纽约成立了"纽约非洲人免费学校"，才为黑人受教育提供了宝贵的机会。但是顽固的保守派使得黑人受教育的脚步步履艰难。直到 1848 年，教育法令才承认黑人享受公共教育的权利。而这项权利之后的隔离设校制度，又为日后黑人与白人的激烈冲突埋下了隐患。

殖民地时期的教育有很强的阶级性，不是所有白人都能享受教育。以殖民地南部为例，黑奴和白人契约奴人口众多，大多贫儿和混血儿只能在艺徒制下生存，无法接受文化教育。直到 18 世纪初，英国颁布《童工法》，这些下层阶级的孩子才勉强接受文化教育（滕大春，1994：55）。

到 1800 年，已有 7 个州的州法律明确了教育条款，以确保本地区教育的良性发展。但是托马斯·杰斐逊在肯定大众教育的必要性时，又强调了精英教育，即少数人统治世界，其他人则接受统治，因此在教育的资源分配上必然会有所偏倚：大众接受基础教育，杰出人物享受特殊教育。1779 年他甚至向弗吉尼亚州立法机构提交了《关于进一步普及知识的提案》（Bill for the More General Diffusion of Knowledge），他提议所有的白人儿童均可免费学习小学三年，学习课程为算术、希腊、罗马和英国美国的历史。同时设立文法学校，教授希腊语、拉丁语、英语、地理及"高等数学"。这些学生经过每年一次的淘汰，最有前途的学生去如威廉—玛丽学院接受免费的精英教育。虽然这一提议最终被否决，但是殖民地时期的教育理念和政策导向还是十分明显的将少数民族排除在教育大门之外。女童的教育也相对滞后，初期的学校只招收男生，直到 18 世纪女孩才享有和男孩一样的教育权力。

"最初在这块陆地上许下的诺言中有一部分正处在危机之中。这诺言是：所有的人，不论其种族、阶级和地位，都有权得到公平机会，得到最大限度地发展他们个人的心灵和精神力量的工具"（史静寰，1983：319）。而美国的保守派把某些民族置于受教育的范围之外，成为美国民主进程的绊脚石。教育水平作为衡量民族竞争能力和社会地位的重要指标，在美国各种族之间呈现不平衡的状态。由于种族隔离政策，美国各种族之间的不平衡状况非常突出。印第安人总体收入水平远远低于全国平均水平，年收入 2.5 万美元以下的占41.7%，是美国平均贫困率的两倍；印第安人的教育水平也是全美最低的，大学以上文化的为 7.6%，是美国平均水平的一半；失业率也是全美最高的，只有不到 1% 的印第安人拥有自己的土地。1930 年美国南部黑人的入学率为 58.5%，而白人为 67%；1980 年，黑人在历史、地理、数学、物理医学等专业的博士毕业生在美国人中的比率均低于 1%。而且由于教学条件和师资队伍的差距，对学生毕业后的发展直接构成影响。从就业来看，墨西哥裔和黑人从事"蓝领"工作的人占 20%—21%，而全美从事这种工作的人仅有 11.5%。其中，半数墨西哥人从事低工资的"蓝领工作"。从收入来看，白人与其他种族之间的差异显著：1978 年，美国有 6.9% 的白人家庭、27.5% 的黑人家庭和 20.4% 的墨西哥裔和波多黎各裔家庭生活在贫困线以下（马戎，2004：44-50）。各个族群之间发展的不平衡必然引发很多民族矛盾和社会危机，从早期殖民者对印第安人的大屠杀，到独立战争前白人对黑人的奴役，这种民族冲突贯穿美国历史。近些年来，美国社会才逐渐改变了对于外来移民的偏见和歧视，以立法的形式改善了一些少数民族的生活环境和教育机会，但是彻底解决美国的社会矛盾对于美国政府仍然是个难题。

阿普尔指出：虽然"一再强调美国是一个移民国家，有一个共同的文化认同……但同欧裔不同的是，非裔是带着镣铐来到美洲大陆的，奴隶制的制度性障碍虽然破除了，但在盎格鲁—撒克逊的主流文化——一种意识形态霸权的控制之下，他们包括其他族群依旧是受压制的'他者'"(2005：IV)。白人成为美洲大陆的主人后，面对当地印第安人的反抗，主要采取了武力征服向教育同化过渡的手段来巩固自己的统治。

分析美国语言政策的渊源和原因，需要从美国的历史文化源头和意识形态说起。唯英语教育是美国语言政策的主导思想，表面上看是帮助印第安人摆脱落后的思想观念和生活方式，其根本目的是摧毁印第安人的心理基础，巩固殖民者的统治。语言是国家的工具，单语制度一直是大多数西方国家追求的目标，只是到最近才有所改变(Phillipson, 1994: 8)。当时的统治者受其思想局限性的影响，显然不可能预见到语言多元化的重要性。本质上，这一时期美国语言政策是美国语言和文化"沙文主义"的体现，这一意识形态始终对美国建国前的语言政策的制定起着重要作用。

各个族群之间发展的不平衡必然引发很多民族矛盾和社会危机，从早期殖民者对印第安人的大屠杀，到独立战争前白人对黑人的奴役，这种民族冲突贯穿美国历史。近些年来，美国社会才逐渐改变了对于外来移民的偏见和歧视，以立法的形式改善了一些少数民族的生活环境和教育机会，但是彻底解决美国的社会矛盾对于美国政府仍然是个难题。

美国建国前的殖民时期是美国语言政策的起始阶段，经过英国语言文化的移植和美洲本土化的洗礼，殖民时期的语言文化展现出多元化的融合和碰撞，美国建国前的语言政策根植于先进的欧洲古典教育传统之上，继承了宗主国的语言意识，借助宗教传播这一有力武器，突出了英语的优势地位，丰富了英语的语汇，加速了印第安文化的消解。随着美国殖民地独立意识的增强，出于最大限度获取民众支持的政治谋略，欧洲移民语言曾得到了暂时的宽容，但是在美国建国后，语言的多样化越来越被认为是一种潜在的威胁，建国后的语言政策强化了英语的主导地位，奠定了美国语言政策的基调，为以后美国的语言政策埋下了伏笔。

参考文献

Brecht, R. D. & C. W. Ingold. Tapping a National Resource: Heritage Languages in the United States Available. 2002.
<http://www.cal.org/resources/digest/0202brecht.html>

Kennedy, J. & J. Newcombe, " 基督教对教育的贡献 ",
<http://www.ccgn.nl/ft-book/rgmyys/chapter05.html>

Phillipson, Robert. English Language Spread Policy. *International Journal of the Sociology of Language*, 1994, (107): 7-24.

Riggs, S. R. *Mary and I: Forty Years with the Sioux*. Chicago: W. G. Holmes. 1880.

S. E. 佛罗斯特著，吴元训等译，《西方教育的历史和哲学基础》，北京：华夏出版社，1987。

Spolsky, B. *Language Policy*. Cambridge: Cambridge University Press. 2003.

Wiley, T. G. *Literacy and Language Diversity in the United States*. McHenry, IL, and Washington, DC: Delta Systems and Center for Applied Linguistics. 1996.

布托·布托一加利，"多语化与文化的多样性——在接受南京大学名誉博士学位仪式上的演讲"，《南京大学学报》，2002(3)。

蔡昌卓，《美国英语融和与创新的历史研究》，北京：北京大学出版社，2002。

蔡永良，《美国的语言教育与语言政策》，上海：上海三联书店，2007。

蔡永良，《语言教育同化：美国印第安语言政策研究》，北京：中国社会科学出版社，2003。

陈章太，《语言规划研究》，北京：商务印书馆，2005。

卡罗尔·卡尔金斯著，邓明言等译，《美国文化教育史话》，北京：人民出版社，1984。

李剑鸣，《文化的边疆》，天津：天津人民出版社，1994。

李其荣，《美国文化解读》，济南：济南出版社，2005。

刘苏里，纳撒尼尔·菲尔布里克著，李玉瑶，胡雅倩译，《五月花号：关于勇气、社群和战争的故事》，北京：新星出版社，2006。

马戎，"美国的种族与少数族群问题"，《美国文化与社会十五讲》，北京：北京大学出版社，2004。

史静寰，《当代美国教育》，北京：社会科学文献出版社，2001。

温斯顿·丘吉尔著，薛力敏等译，《英语民族史 II》，海口：南方出版社，2007。

温斯顿·丘吉尔著，薛力敏等译，《英语民族史 III》，海口：南方出版社，2007。

吴剑丽，"美国的语言文化倾向与双语教育政策"，《湖南师范大学教育科学学报》，2004(5)。

颜治强，《世界英语概论》，北京：外语教学与研究出版社，2002。

杨寿勋，《官方语言 移民语言与土著语言问题：美国语言政策研究 国家民族与语言》，北京：语文出版社，2003。

张友伦，"美国印第安人历史研究中应当澄清的几个问题"，《南开学报》，1999(5)。

周瓦，"从不同的语言观看美国双语教育之争"，《比较教育研究》，2005(8)。

第三章　美国建国时期的语言政策

美国的历史，可以说是外来移民汇入与融合的历史，其原因在于几乎所有的美国人都是外来移民或他们的后裔。人们常常以为哥伦布发现新大陆之前就生活在北美大陆的印第安人应该是美洲的原始居民，事实上他们也是在很早的时候从亚洲移居过去的，美国因此毫无争议地被称为"移民之国"。然而，令人称奇的却并非是美国移民数量之众多，而是众多移民带来的杂乱无章、错综复杂的语言文化最终却能在这里汇集形成统一的语言文化。试想一下，在大约四百多年的时间里，来自世界各地不同种族的移民，当他们踏上北美这片广袤的土地之后，都逐渐选择、并趋从了同一种语言文化，即盎格鲁—撒克逊语言文化，这不能不说是一个伟大的奇迹。然而，这个奇迹的创造并非偶然，它与殖民时期英国人的强势文化传统以及美国建国后所实施的语言文化政策紧密相关。

美国建国后，政府虽然没有明确制定和推行语言管理方面的政策，但一系列政府所领导的政治、经济、文化方面的社会活动，都蕴含着整合语言的行为和策略，如确立英语语言的统治地位、统一北美英语、同化非英语语言等，最终使整个北美大陆克服了空间上的障碍，很快出现了一种单一的口头语言——"美国创用语"。而"美国创用语"的创立，打破了美国大陆上各移民之间的交流障碍，很快就传遍了美利坚合众国的每一个角落，把每一个美国人在空间上紧紧地连接在了一起，实现了语言文化的统一。那些起初定居在北美滨海地带的英国殖民者们，坚持讲他们自己祖国的语言、固守他们的文化传统，他们仅仅想守住他们所熟悉的生活方式和风俗习惯而已，却无意之中为一种新的文化奠定了基础。

一、美国建国后的社会状况

1776 年 7 月 4 日，托马斯·杰斐逊（Thomas Jefferson）的《独立宣言》宣告了美利坚合众国的诞生，然而这并不意味着胜利已经到来，因为要想成为一个真正独立的主权国家，美利坚人民还需要付出更大的代价。此后，经过五年的浴血奋战，直到 1781 年初，节节败退的英军被包围在了弗吉尼亚的约克敦（Yorkton）。到同年的 10 月份，在法国海军的支援下，乔治·华盛顿率领他的独立军围攻约克敦，英军最终被击败。得知海上的退路也被法国海军切断后，英军被迫投降，轰轰烈烈的美国独立战争（American Revolution）宣告结束，美利坚民族终于创建了属于自己的主权国家。在独立战争结束两年后的 1783 年 9 月，英美终于在巴黎签订和约，英国正式承认美国 13 州的独立。从此，美利坚合众国作为一个独立的民族国家出现在世界的舞台上，美国人民开始了新国家的建设。

然而，独立战争的胜利并不意味着新国家的建成，因为在北美这片广袤的土地上还从未存在过一个统一的国家，独立只是原来 13 个殖民地的独立，但前途如何，仍然还不确定。虽然三百万独立后的美利坚人充分表达了建立统一的共和国的愿望，但是在如何设计和建立这样一个共和国的具体问题上还存在着很大分歧。另外，在大约四百多年的时间里，世界各地不同种族的移民来到这片土地上寻求理想的天堂生活，这些来自不同国家和地区的移民给北美的开发注入新鲜血液的同时，随之也产生了很多社会问题，即民族矛盾、种族对立、文化冲突、以及由于语言交流障碍而造成的思想隔阂等。

　　比如，在早期的移民中英格兰人占大多数，但是还有很多其他欧洲国家的移民，主要包括西班牙人、苏格兰人、爱尔兰人、法兰西人、德意志人、荷兰人和瑞典人等。他们来到北美大陆，带着梦想，也带着他们自己的语言、文化、宗教、社会意识形态等。当他们刚刚踏上北美大陆时，严酷的生活环境促使他们急切地希望有人能够帮助他们，于是具有共同文化身份的人群很快走到了一起。在寻找到群体的安全和温暖的同时，这些各自不同群体的人们都在极力保护他们的语言、宗教、传统生活方式等，各个移民群体在很大程度上都相对封闭、独立，这无形中滋生了各种各样的民族主义意识。可见，在殖民地时期，北美地区除了英语语言文化，还有其他欧裔移民语言以及原住居民语言的存在，语言格局呈现多元状态。然而，到殖民地末期和建国初期，这种语言多元状态不但没有改变，反而由于新移民的不断涌入而得到进一步延续和扩大。

　　事实上，在殖民地早期，生活在殖民地上的各个居民之间的语言文化差别并不大。如果看看 17 世纪新英格兰和弗吉尼亚移民的原居住地地图的话，我们不难发现这样一个现象，这里的移民主要来自英国的许多地区。比如，在 17、18 世纪，美国的移民主要来自英国的约克、诺福克、萨福克、埃塞克斯、伦敦、肯特和汉普等郡。因而，他们之间的语言文化、生活习俗没有根本的区别，所以也就没有民族、种族以及生活习俗方面的冲突与隔阂。可是，到了 19、20 世纪，美国进一步融合了爱尔兰人、德国人、波兰人、犹太人、意大利人、墨西哥人和中国人这样一些成分完全不同的民族，文化冲突与碰撞在所难免；不仅如此，随着移民数量的增加，英国的各个不同社会阶层和不同地区的人开始汇入美国，这样以来，英国的移民内部成份也逐渐变得复杂起来。如弗吉尼亚的移民主要来自伦敦和英格兰东部，这些移民虽然同根同源，但却代表着不同的利益集团，他们之间也有着各种各样的矛盾。可以说，在美国建国的第一个世纪里，美国人仍然居住在无数边缘模糊的孤立地区，彼此之间相对封闭，相互用不信任的眼神打量着对方。

有学者研究发现，殖民地时期及建国初的外来移民，都有极强的民族归属感和文化认同意识。比如，荷兰移民在今天的纽约市（原名新阿姆斯特丹）、哈得孙河上游以及新泽西的特拉华河一带保留了自己民族独特的语言文化和历史传统，他们的木制房屋总是紧挨着新教教堂和教区学校，他们创办的教会既是社区文化的中心，又是移民精神、福利和权益的庇护所；1776 年，荷兰人建立了自己的女王学院，学校教授荷兰语和加尔文教义，为北美荷兰殖民地培养荷兰教牧师，由于生活的地域比较集中，又十分强调母语的维护，所以荷兰文化在殖民地中部地区具有很强的势力；像荷兰移民一样，德国移民集团也是如此，如德国的路德教和改革派教会，散布在德国移民社区，他们创办教区学校，用旧世界的母语和信仰教育他们的子孙（蔡昌卓，2002：24）。另有研究表明，直到 20 世纪初，美国 1300 多万外籍出身的移民中间有 300 多万人不会讲英语。生活在曼哈顿的一部分来自意大利西西里移民的后代根本不懂英语（蔡永良，2007：97）。

可见，移民具有某种相对集中的倾向，这样众多的语言与文化汇集到了一起，必然需要一个碰撞与融合的过程。显然，这种多种语言并存的局面已成为建国后美利坚合众国实现国家统一、保障民族团结的挑战，为了达到文化思想、意识形态的统一，统一语言已势在必行、迫在眉睫。美国建国之后，当时的"政治思想家们普遍认为，语言是种族同化的有效手段。各个种族群体通过语言接触和融合，在较短的时间内便可以融入美国主流社会之中，成为真正的美国人"（蔡昌卓，2002：23）。面临国内外各种复杂的形势，语言统一的道路无论有多复杂，为了建设一个强大统一的美利坚合众国，语言统一道路上的一切障碍都得扫清。曾经出生于其他国家，并操着其他语言的人们，最后都要通过口语社交，由美国英语结成一体。所以，美国在建国后，很快就创造了世界民族国家建立与发展的神话，这就是"不同种族，统一民族；单一语言，多元文化"的民族共同体的形成与发展。

二、英语语言统治地位的确立

在北美大陆上，由于最早的移民以英吉利人为最多，而且他们也在殖民地政治、经济、生活中掌握着大权，所以在殖民地时期，人们通用的语言主要是英语。建国后，众多的英吉利族裔的殖民者仍然以自己的民族语言文化为骄傲，坚持传统信仰，墨守原有习俗。不仅如此，在坚守传统的同时，他们还通过各种方式扩大英语语言的使用优势，努力推行和普及大英帝国的语言文化事业。例如，为实现英语一统天下的目标，他们首先在舆论上美化英语语言文化，突出英语语言文化的优势地位；在政策上，他们利用教会和学校推行英语，在其他殖民地社区开办"慈善学校"和"教会学校"，他们不仅向非英语居民教授英文读写知识，还宣传英吉利人的生活习惯和政治文化。随着历史的发展，到美国独立战争时期，美利坚民族的独立意识和一体意识已变得十分强烈，这种萌发于殖民地晚期的独立意识和一体意识不仅仅表现在政治、经济和生活方面，还突出地表现在语言文化的整合方面。要实现语言文化方面的独立和一体化，在众多语言中已经处于优势地位的英语也就理所当然地上升到了不可剥夺的主导地位，这自然而然会使"这片广袤大陆上，很快回荡着一种共同的口头语言 [英语]"（布尔斯廷，1993a：360）。

当然，这种以英语为主导的语言文化的独立与一体化过程并非没有任何阻碍和挑战，因为与英语并存的还有其他众多欧洲移民的语言以及数以百计的印第安语，它们的存在对英语的推广与普及造成了极大的阻碍。当英国殖民者来到美洲大陆后，他们并没有因为要适应新的社会环境改变自己，保守、自信的英国殖民者不但自己坚守原有的语言文化和生活习俗，还极力推行他们的语言文化。他们对新大陆上的其他居民及他们的语言文化有着本能防范、排挤，甚至打压，但因为英国殖民者们在社会生活，特别是政治生活中还没有处于绝对的领导地位，他们的语言文化自然也还未强大到唯我独尊、统领一切的时候，出于战略上的考虑，他们只是压制、同化、甚至强迫性清除他们认为低级的印第安语，而对其他众多、纷繁的欧洲移民的语言采取了暂时容忍和认可其存在的态度，如新德兰和新泽西地区的殖民者使用的葡萄牙语以及宾夕法尼亚教友派殖民者使用的德语等。可是，到美国建国后，英国殖民者们在社会生活和政治生活中取得绝对的领导权，这时英语在众多的语言当中毫无争议地居于统治领导地位后，继续推行和普及英语语言文化、极力维护以英语为主导的语言一致局面、排挤、打压甚至清除其它各种语言自然是顺理成章、水到渠成的事情。美国建国初期，仍然还有不少人讲德语、荷兰语、法语、意大利语、葡萄牙语以及印第安语，但是在美利坚合众国缔造者的眼里，由于英语已经居于统治领导地位，其他现存语言对英语形不成足够的威胁和挑战，由英语实现"美国语言的独立与一致"自然是天经地义、理所当然的事情。有学者如此评价道："虽然美国《独立宣言》以及美国的第一部宪法中均没有提到语言问题，但是合众国的缔造者们对于语言的统一的理念是坚定和清晰的。这是英语地位最终在美国得以确立的思想基础和先决条件"（蔡永良，2007：97）。

　　熟知美国历史的人都明白，美国的独立革命完全不同于历史上亚非拉殖民地人民的独立运动。美国的独立革命更大程度上是一种政治革命，目的就是摆脱母国英国在政治、经济方面的控制，而不是一种完全颠覆性、破坏性的革命。有学者曾这样形象地总结美国独立革命："从某种程度上说，它［美国独立革命］并不是天翻地覆的变化，而是'儿子与父亲之间'的较量，较量的结果，'儿子'取得了胜利，获得了'独立'，建立了'美国'，'父亲'失败了，退出了北美殖民地，完全由'儿子'来掌管"（蔡永良，2007：97）。所以，在语言文化、宗教信仰、传统习惯等方面英美还是没有分裂。因此美国建国后，全国居于统治地位的通用语言当然非英语莫属，而且从中央政府到广大普通民众，对在全国通用英语都持支持与认可的态度。

　　所以，美国《独立宣言》和早期的宪法中虽然都没有直接谈及到语言建设规划问题，而且美国建国初期的政治文件中也没有统一语言的明确政策，但是毫无疑问，对于那些美国早期的政治家们而言，建立了美利坚合众国以后的北美大地上理应"飘扬着一面国旗，回响着一首国歌"，那里的人民"将说同一种语言"（布尔斯廷，1989a：198）。事实上，美国建国初的一些有影响的政治人物的言论和行为，对于英语语言地位的确立的确发挥了很大作用。

美国建国前夕，曾参加起草《独立宣言》的本杰明·富兰克林就曾主张遏制德语的影响，他在 1753 年 5 月 9 日给不列颠国会议员彼得·科林逊（Peter Collinson）的一封信中说："那些来到新大陆的德国人是他们民族中最愚蠢无知的人……几乎没有英国人可以听懂他们的话，所以无法通过报纸或教堂与他们通话，要除掉他们曾经信奉的偏见，几乎没有可能。"（蔡永良，2003：58）于是，富兰克林积极倡导创办英语学校，以便压制、同化德国人的语言文化，从而确保英语的统治领导地位。

美国首任总统乔治·华盛顿，同他的政治同伴一样，坚持英语在美国语言文化交流中的统治地位。他相信，人类存在的共享关系有助于消除民族之间的矛盾与隔阂，促进民族融合，加强民族统一。他认为，通过了解人类潜在的最原始的母语，就能够构建一个新的放之四海而皆准的文化基础。所以，只要所有的人认识到他们最原始的时候曾共享一种语言，那么行为规范和兴趣爱好之大同就为期不远（蔡永良，2007：102）。显而易见，乔治·华盛顿在这里所要强调的是英语在创立统一强大的美利坚民族的过程中的巨大作用。

约翰·亚当斯（John Adams）就任美国第二任总统时，他看到国内民族混杂、语言不一，国家处于一种文化与意识形态的混乱状况。于是，为了明确英语在国家语言交流中的统治地位，1780 年，他曾向国会建议建立一个美国语言研究会，完善、纠正、规范和促进英语。他说道：

> 英语与上个世纪的拉丁语或这个时代的法语相比，注定要在接下去的几个世纪当中成为世界语言。理由显而易见，因为美国不断增长的人口，以及他们与所有国家普遍的接触

和交流，同时借助英格兰在世界上的影响，无论其大小与否，将逼使这一语言被广泛使用（蔡永良，2007：98）。

美国第三任总统托马斯·杰斐逊也非常关注语言的统一和英语地位的确立。托马斯·杰斐逊终身迷恋古英语，即盎格鲁—撒克逊语，他甚至编写了一本古英语的简易语法书，希望帮助美国学生学习这种古老语言，足见他对英语的传承与发展的强烈关注。他建议弗吉尼亚大学把盎格鲁—撒克逊语言作为一门课程列进教学大纲。有学者认为："杰斐逊事实上在说：盎格鲁—撒克逊古老的传统为美国独立革命提供了自由政治理念和原则，同时为实践这些理念和原则提供了与之相匹配的语言，因此，不仅英语理所当然是美利坚合众国的语言，而且还必须遵循最古老的标准"（蔡永良，2007：101）。可见，作为合众国建国初期的政治领袖之一，托马斯·杰斐逊深知语言统一对于民族大融合和大团结的重要意义。

与一些政治家的观点一样，这一时期颇有影响的教育家、学者和政治活动家本杰明·拉什（Benjamin Rush）同样主张用英语渗透的办法同化其他语言，以便促进美国语言的一致。在《联邦党人文集》中，约翰·杰伊（John Jay）把美利坚民族描绘成"一个团结的民族、一个由共同的祖先繁衍而来的民族"，他们"说同样的语言、信奉同样的宗教、拥有相同的生活习惯"（Crawford, 1992: 32）。

在政府和民间这样两股唯英语的合力作用下，英语语言的统治领导地位最终在美国完全确立。而且，英语不仅成为了这里的主导交流语言，更令人称奇的是英国英语原有的地域与方言差别也渐渐变得模糊，无论是文字书写还是口头表达，英语在这里越来越趋于统一，即使是在较小的地区内也不例外。如在整个 17 世纪，马萨诸塞、普利茅斯、沃特敦、德达姆和格罗顿诸地，大约百分之七十可以追溯其来源的移民是来自伦敦和英格兰东部，剩下的则来自英国的四面八方，所以大家的交流语言也是南腔北调，但这些不同的方言到了美国，在长期的交流和融合中渐渐变得越来越一致起来。在这里似乎根本不存在什么方言，从南到北，从东到西，美国各个阶层的人都能说准确而合乎文法的英语，而且口音几乎没有多大差别。比如，1724 年，休·琼斯（Hugh Jones）牧师在弗吉尼亚就发现，不光是英裔的移民，就连种植园的工人，甚至土生土长的黑人，普遍都能讲一口很好的不带土语和乡音的英语。

> 美国语言确实显示了惊人的一致性。我们只要对比一下像印度、苏联和中国那样多种语言并存的国家，或者提醒自己注意这样的事实，即面积不到四百万平方英里的欧洲就存在着十几种各不相同的主要语言，我们就能正确地理解我们在这方面所具有的优越性。美国人民分布在三百多万平方英里的土地上，却只讲着同一种语言。那不勒斯人和米兰人所讲的语言，或者坎特伯雷人和约克郡人所讲的语言，或者英国一个威尔士的煤矿工人与一个牛津大学生讲的语言，或者法国一个普罗旺斯的农民和一个巴黎的律师所讲的语言，比之美国缅因州人和加利福尼亚人所讲的语言或者美国一个工厂工人和一个大学校长所讲的语言，其差别要大得多（布尔斯廷，1993a：308）。

人们对语言统一的追求最终促使英语在众多语言中取得了领导地位，而且英语在美国更趋于一致，其中的原因除了殖民地居民以英国人为主外，主要还是由于一些美国社会独一无二的现象和因素起作用。例如，约翰·皮克林（John Pickering）在他所著的《美国创用语词典》（*Vocabulary of Americanism*，1816 年出版）里提到，"由于人们经常从我国的一个地区流动到另一个地区，美国的语言比英国的语言更为一致。"甚至在 18 世纪结束之前，像约翰·威瑟斯庞（John Weathersburn）牧师这样的语言学大师（他从苏格兰前来美国担任普林斯顿大学校长的职务）就注意到这一事实。他在《共济会》（*The Druid*）一书（1781 年出版）中说，"美国老百姓说英语比英国老百姓地道得多，其原因是很明显的，即这里的人居住地点很不固定，经常从一个地区流动到另一个地区，因此他们无论是在发音还是用词方面，都不那么容易沾染地方色彩。英国一个郡和一个郡之间的方言上的差别，要比美国一个州和另一个州在方言上的差别大得多"（布尔斯廷，1993a：308）。可以看出，当英国人来到北美大陆，一度相互隔绝的英国地区方言在美国碰到一起来了，人们彼此又不得不说话交流，在交流中语言走向了统一。曾经出生于其他国家，并操着其他语言的人们，现在都通过口语社交，由英语把他们结成了一体。英语排挤其他各种语言，最终在美国建国后取得了统治地位，在美国这个"大熔炉"内，经过一番提炼，开始走向美国化。

> 谁能知道，到时候我们会
> 向何处传播我们语言的精华？
> 我们最引以为豪的成就
> 又将送到哪些陌生的地方？
> 用我们的宝藏去充实
> 那些不知名国家的文化。
> 又是哪些尚未定型的西方世界
> 会用我们的语音改造他们的语言，使之变得更加优美动

听（布尔斯廷，1987：309）？

这是塞缪尔·丹尼尔（Samuel Daniel）1599 年写下的伊丽莎白（Queen Elizabeth I）时代的预言，英国人坚守了他们祖先的预言，因为仅仅两个世纪之后，英语在美国众多语言中的主导地位的确立就使这个梦想变成了现实。可以看出，美国建国后英语语言地位的确立是与英国人的文化传统和霸权思维紧密关联的，几乎从第一批定居在北美大陆上的英国移民者开始，就存在着语言上一致的强烈愿望；同时英语语言主导地位的确立也与当时美国社会发展的状况是一致的，这即是时代的需要，也顺应了历史潮流。应该说，美国人开辟了一个新天地，开创了一个新时代，成功探索了多民族共存、共荣的新途径。在这个相当于欧洲面积大小的土地上，所有的人都能像一家人一样，

用同一种语言互相沟通和交谈；相比之下，在面积大小相当的欧洲，却拥挤着大大小小数以百计的语言。在这个新时代、新天地中，同一种语言在如此广阔的大陆上传播，使美国才智之士施展抱负的领域不断扩大。

三、"美国创用语"的形成

由于英语语言文化在北美的强势地位，独立后的美国最终选择英语为国语。不过，刚刚独立的美国，在是否应当把英语作为国语的问题上，美国政府人士以及一些学者还经历过一段时间的激烈争论。因为新独立的民族国家，有必要有自己独一无二的语言，以彰显自己的民族特性，激发民族凝聚力。当时有人建议把希伯来语或希腊语作为国语，因为希伯来语是上帝选民的语言，而希腊语则代表着民主自由，这正好暗合了美国建国的宗旨。然而，这一切都是不切实际的幻想，因为语言来自于人民，是人民赋于了语言的生命力。辛普森（Simpson）讲到：自上而下的推行一种语言是一种乌托邦式的空想行为，即使在革命热情再高的社会，这种行为也不可能成功。美国独立之后，绝大多数美国人都在讲英语，他们继续保持自己的语言习惯，并且在联邦中不断传播（Wright, 2004: 141）。事实证明，英语以其不可阻挡的优势，最终取得了美国建国后语言文化交流与社会活动中的主导地位。

但是，独立建国后的美国，各民族、部落、团体、移民社区还没有完全融合，加之源源不断涌来的不同文化、不同种族的移民，社会结构更加复杂。虽然，英语在当时已经取得了主导地位，但是在英语语言的使用上，人们已经远远偏离了原有英国英语的纯正。与英国英语的发展传播方式不同，美国英语不是通过出版发行语法书或词典的办法发展起来的，而是在实际交流应用中，由无法计数的脱口而出的词汇汇集而成。那些未经认可的新鲜词汇，随着人们在使用当中一次次传递与强化，最后成为美国创用语的主要部分。随着美国疆域的不断扩大、各民族文化的冲撞与融合，大量的新词被创造出来。布尔斯廷感叹道："在美国，语言是否得体，同地理界线究竟在哪里一样难以确定；规定美国人的说话方式就像划定国家领土界线一样困难"（1989b：428）。

在这样的情况下，有很多人提出了保持英语语言"纯洁性"的口号。约翰·皮克林在他1816年出版的《美国的特殊词汇和短语》（*Vocabulary or, Collection of Words and Phrases Peculiar to the US of America*）一书中宣称："在美国全国保持英语的纯洁性，是每个爱好本国的文学和科学的美国人的注意目标。"他还说到，美国的语言"有许许多多背离英语规范的例子，我们的学者应当不失时机地努力恢复其纯洁性，并防止将来谬误流传"（蔡永良，2007：107）。其实约翰·皮克林并非是号召防卫语言纯正行动的第一人，相似的言论早在革命战争时期的有关美国语言的学术论著中就有，这些言论都极力主张美国人的英语应该继承英国英语的一切传统，美国人讲英语就应当像伦敦的英国人一样标准。

在这方面的另外一个代表人物就是富兰克林，他非常保守地坚持英语的古老的传统，写作中极力追求英国英语的标准。此外，约翰·亚当斯也写信给国会议长，建议国会成立一所"纠正、改进和确立英语"的学院。他认为："这将对各州的联合产生良好的促进作用，使整个北美大陆所有地方的所有人，无论是在语言的准确意义方面还是在发音方面，都有一个可遵循的公认标准"（布尔斯廷，1993a：321）。

但是，这些倡导维护英语纯正的人忽视了美国的社会现实。美国建国后，成为了一个独立国家，由于民族主义的兴起和影响，产生了创建一个新民族的强烈愿望。美国虽然继承了英国的语言与文化，但美国已不再是一个殖民地了，它有了自己的国家意识与民族意识。更为重要的因素是，多民族、多元文化的社会现实使人们在使用英语的过程中，已经赋予了自身的特色。布尔斯廷写道"小学女教师们吃力地教她们的顽皮学生正确地拼写，使他们至少看上去好像是受过教育的，并试图把语言规范的篱笆修得又高又牢，但是她们枉费了心机"
（1989b：430）。

显然，美国人已不愿意把自己当作欧洲的后裔来对待，而认为自
己是一个新的民族。那么如何让人一眼就能看出自己是美国人，一个
新民族呢？与众不同的语言就是最好的身份标识码。这一点对于熟知
欧洲历史的美国人来讲，再清楚不过了。欧洲的地理面积比美国的国
土面积大不了多少，然而在那里却拥挤着世界上最多的民族国家，这
种局面形成的重要原因之一就是众多民族语言的存在。有学者以英国
和法国为例说明了共同语言文化对维系民族国家存在的重要性："因
此，在那些民族国家中，如最为典型的法国、英国以及西班牙，它们
的国家或王国的边界设立的最早且比较固定。此后，统治阶级实行了
长期的文化、宗教、语言上的同化政策，把原来分散的民众凝聚成
为一个统一的民族共同体"（Ferguson, 2006: 17）。美国人不想再被分
裂成众多的殖民地，也同样不愿视自己为英国语言文化的简单模仿
者，他们要创立真正属于自己的语言，即建立统一、标准的美国式英
语——"美国创用语"。

独立之后的美国虽然摆脱了英国政治和经济的控制，但在文化上
仍然保持着千丝万缕的联系。当时英国各阶层人士都认为美国文化贫
瘠，人们说话南腔北调，根本不符合标准英语，美国唯有依附英国文
化才能立足于世界，否则难以和文明国家并列。而具有强烈民族意识
的美国人并不这样认为，美国著名词典编纂家诺亚·韦伯斯特于是大
力提倡"纯粹美国英语"与之抗衡。他曾预见到，"北美大陆将定居
着一亿讲着同一种语言的人口。"同欧洲的情况正好相反，美国开辟
了"一个新时代，使整个世界四分之一的土地上的人将能像一家人一
样，用同一种语言互相沟通和交谈"（布尔斯廷，1993a：308）。1789
年，诺亚·韦伯斯特向政府表达了这样的观点，并且制定出了实现自
己理想的计划。他坚持认为：文化习俗、生活习惯、民族语言等，应
当像政府一样代表国家、代表民族。美国应当有自己独一无二的语言
文化，把自己与世界上的其他国家区别开来（Wright, 2004: 141）。

　　诺亚·韦伯斯特在他编撰语言课本《拼音书》(*Speller*)的序言中说："应当在语言上摆脱英国的羁绊，还应摆脱各州语言的缺陷，要创立美国的语言，借以谋求美国文化上的独立"（滕大春，1994：163）。《拼音书》和《英语大词典》便成为统一美国语言的标准了。韦伯斯特在1789年指出：作为一个独立的民族，我们的道义要求建立一个属于我们自己的系统，包括语言和政府。他警告合众国的缔造者们，语言的地区阶级差异会导致这个刚刚成立的年轻国家分裂，他特别强调政治的和谐必须建立在语言的一致性基础之上（蔡永良，2003：59）。此外，韦伯斯特还极力维护美国英语的纯洁化和标准化，可以说他将自己毕生的精力都贡献给了这项事业。他有时也鼓吹需要在语言方面进行立法，以维护语言的纯洁性，但这里的纯洁化和标准化并不是说是回到"纯粹的英国英语"，其实从某种意义上讲，其目的是为了和英国英语决裂。建国初期，美国社会杂乱、文化多元，为韦伯斯特的《拼音书》提供了很大的市场，正确拼写成了基本追求。

　　事实上，在统一和普及语言教学方面，诺亚·韦伯斯特所编的《韦伯斯特蓝脊缀字课本》一直到19世纪还在美国教室里采用，前后销售几千万册，成了美国语言的《圣经》。另一个和美国传统教育相联系的教育家是威廉·麦戈菲（William Holmers McGuffey），他所编写的《麦戈菲读书》销售了近1.3亿册。像韦伯斯特这样的语言学者们很快意识到，美国语言的一致与纯洁，必须靠学校教育和扫盲识字而实现。他们一致认为，只有建立学校，并且在学校语言教学方面使用统一的课本，才能消除口头表达的差异，从而逐渐实现书面语的统一和口头语的纯正。教育在语言政策具体实施中的作用是不言而喻的，它是推动语言政策实现的最有力的方式：

　　　　在以上提到的所有影响语言政策的因素中，教育可能是最为关键的一环，它有时真正承担着整个语言政策实施的使命。这其中的原因也显而易见：在大多数国家，教育通常由国家出资，自然就由国家来控制；学校是实现社会管理的重要的部门之一；学校的孩子们是被动的受众，学校的课程教学给予政府无与伦比的机会任意塑造下一代人信仰与行为方式。所以，教育常常能够成为国家发展转变的基础就不足为奇了（Ferguson, 2006: 33-34）。

有了韦伯斯特编著的识字课本，新英格兰的学校教师及民众把它奉为语言高雅的尺度，接下来就要通过教育进行普及了。可以说，在维护英语的纯正及创建美国英语的过程中，教育的发展也同样起到了非凡的作用。美国独立战争结束后，原来主要依靠私人、教会和慈善机构办教育已不能适应合众国各个方面发展的需要，殖民地时期从英国和其他欧洲国家移植过来的旧的教育体制和思想，也阻碍了语言文化的传播与统一。研究资料表明，1789 年，在波士顿建立了 3 所阅读学校和 3 所写作学校，招收从 7 岁到 14 岁的儿童入学，后来合并成为读写兼教的初级学校，即最早的小学。以后各地设立小学，逐渐分班分级（刘绪贻，2002：392）。公立小学的创立和普及对于统一语言、传播文化、促进融合起到了极为重要的作用。美国的中等教育在独立后的一段时间内主要是依靠殖民地时期从欧洲大陆移植来的"拉丁文法学校"。这种学校设置的课程主要以拉丁文和希腊文为主，教学内容脱离社会需要。有资料表明，1751 年由本杰明·富兰克林倡议，在费城（Philadelphia）创立了一所文实中学，开设文科和实科两类课程。其中文科主要教授英语和当代外国语。到了 1800 年时，全美国已有 100 多所文实中学，并逐渐在全国取代了拉丁文法学校。1820 年，有一些波士顿商人建议成立一种"英文古典学校"，以教授英语读写为主，还设置其他实用课程。从 1821 年 5 月开始在波士顿创办了这种学校，招收 12 岁以上的学生，讲授历史、地理、数学、航海、测量、伦理学等课程，不教外国语，只教英语的语法、作文等知识（刘绪贻，2002：393）。这一些教育政策和措施，从根本上解决了语言混杂、语音不一的问题，使美国创用语得以推广普及。美国中学教育，特别是公立学校的一项重要任务，是加速美国移民美国化过程。由于 19 世纪末新移民潮的影响，美国化教育显得更加突出，这一过程在某种意义上是以被迫摒弃原民族传统为代价的。

对于当时非英裔的移民来说，他们宁愿为他的孩子请一个美国培养的家庭教师，而不愿要苏格兰的或英格兰的家庭教师。在费城，苏格兰勋爵亚当·戈登（Adam Gordon）于 1764 至 1765 年在各个殖民地旅行之后，发现"这里的人言语之得体，使我惊叹不已，各个不同阶层的人都讲一口地道的英语腔的口语，其准确和纯正的程度，超过伦敦上流地区以外的任何地方"（布尔斯廷，1987：309）。有些人甚至说，殖民地的人"总的说来，英语讲得比英国人还要好"，即使是那些最挑剔的观察家也同意这一点。乔纳森·鲍彻尔（Jonathan Beuchel）牧师（1737—1804）在南方生活了约 15 个年头，曾教过华盛顿之妻与前夫生的儿子约翰·帕克·柯蒂斯（John Parker Curtis），在美国独立革命时期曾是亲英派的领导人之一。他花了多年的时间编写了一部《古体字和地方用词汇编》，认为美国如果没有方言实际上会使语言趋于贫乏，而且他还发现，"在北美，我认为不仅普遍流行任何别的地方都难以听到的最纯正的英语发音，而且还具有完美的语言上的一致性"（1987：309）。

美国建国之初，语言、文化、文学都是以其母国英国为效仿对象，这里没有文学权威，也没有像英国伦敦一样权威的文化首都，语言文化的产生与传播都是在最为基层的人民大众当中进行的，是通过民众实际说话时脱口而出的、无法计数的新鲜词汇而发展起来的。建国初的千百万美国人民稀疏分布，并且他们并不像母国英国民众那样长期定居在固定的地方，常年与外界相隔，而是迅速到处迁移、各方云游，以谋求开发出更好的生活空间。所以，在美国建国之初的这片充满生机的土地上没有一成不变的民众阶层，没有世袭的贵族阶级，没有永远富有的阶层，也没有永远贫穷的阶层。这些流动的族群、这些永远处在不断变化中的民众在生活中也不停地创造着属于他们的语言词汇，他们为美国增添了独特的语汇，这些语言词汇很快就汇成了一条没有旁支的大河，滋润着新兴国家的思想文化的田地。从西部船工、城镇赞助人、皮毛商人、探险家、攻打印第安人的战士和农民的口中都可以听到这样的语言。在这样多方语言的交汇中，来自其他各国、操各种其他语言的人们，最后由美国英语的共同口头语言把它们结合在了一起。

有人认为，美国社会的多民族、多元文化的环境为口头语言的活力、灵活性和新鲜感创造了理想的条件。这种美国英语口语就以崇尚俚语为主要特征，这是美国英语与英国英语的显著区别之一，因为英国语言很少愿意接受下层阶级所创造出来的俚语。俚语是在非正式场合共同使用的语言，或者仅仅是公众中一部分人非正式使用的语言，但被认为不够高雅和正式，还不能作为标准的书面语言。随着美国词汇的日益丰富，美国文明对自身的日益自信，俚语也渐渐走向了标准语言的行列，成为美国标准语言中的一部分。约翰·拉塞尔·巴特利特（John La Salla Barterate）不认为美国英语已经变得不纯正，他承认当时美国文学语言比英国人逊色，但他却认为，美国人讲的英语比大部分英国人讲的英语更纯正。他认为俚语词汇只有在口语中有用时才会被继续使用，因此，俚语是给语言增加大量新词的源泉。所以说，美国创用语的形成，除了政府的政策引导、宣传教育、大力推广外，更为重要的一个原因就是广大劳动人民的集体创造，从而更加丰富了美国创用语的表现力，更突出了其与众不同的特点。关于独立前后那些年代里美国口头语言的情况，威廉·埃迪斯（William Edith）在他 1770 年 6 月 8 日发自美国的一封信中曾做过如下的总结：

> 在英国，几乎每个郡都有它自己特定的方言，甚至还存在着不同的讲话习惯和思维方法，把相距并不十分遥远的居民区分得清清楚楚。但是，值得注意的是，美国的马里兰及其周围几个殖民地，语言上却普遍存在着惊人的一致性。一般居民的发音之准确和优美，即使是最有见识的人听了也会赞叹不已，这是千真万确的事实（布尔斯廷，1987: 309）。

可见，除了确立英语语言的统治地位之外，美国政府在建国之后语言政策与规划方面重要的举措便是统一语言，创立标准统一的语言——"美国创用语"。在独立革命和建国时期，由于受独立革命思想和民族主义情绪的影响，这个标准统一的英语语言被称为"美国创用语"，即后来的"美国英语"（American English）。"美国创用语"或称为"美利坚合众国的英语"（English in the USA），经历了一个发展演变的过程。在殖民地时期，人们通常统称为"北美英语"（English in North America）或"殖民地英语"（Colonial English）。二战之后，由于美国各方面的实力增强和世界霸权地位的基本确定，美国人干脆使用"美国英语"（American English）或"美国语言"（American Language）这样的名称。当然，"美国创用语"并不是一门独立的语言，它来源于英语语言，在北美洲特殊的文化、历史、社会环境里形成了自己独特的形式和含义，是美利坚民族独特的发展与创造。

四、对其他非英语语言的同化

独立后的美国是个"大熔炉"，除了英国殖民者外，这里同样还繁衍着土著居民印第安人和其他来自世界各地的移民。纵观美国外来移民发展史，我们不难发现这样的规律和特点，即外来移民到美洲明显呈现出三次浪潮，而且每一次移民潮中移民的民族成分相对集中。最早的一次移民潮是在17—18世纪的殖民地时期，这一时期移民多数来自英国；第二次移民潮出现在19世纪中叶的数十年间，移民主要来自爱尔兰和德国；第三次移民潮出现在19世纪末和20世纪初，是规模最大的一次，而且移民的国家也发生了很大的变化，移民成分更加复杂。比如，1880年以前的移民大部分来自于西北欧，此后的移民大都来自东欧、南欧和亚洲的各个国家和地区。随着这些不同民族和种族成分的移民定居点逐渐形成社区，社区又逐渐演变成城市，语言文化多元化现象也日趋突出，这些不同民族和种族的语言与其文化形式的存在对英语语言文化的普及、全国的统一、以及民族的融合都形成了极大的威胁。

建国初期，对于美利坚合众国的缔造者们而言，如何实现民族同化，让不同种族、不同肤色的民族都团结在合众国旗帜下，是他们制定国家政策的根据之一。要实现民族融合，主要依靠语言、教育和通婚等途径，而语言接触与融合则是其中最基本的因素。这是因为，共同的语言是新老移民在工作与生活中交往的必备工具，有了语言的接触，才可能产生语言融合，才可能从根本上促进民族同化。为此，在以英裔人为主体的美国社会生活里，种族同化和语言同化成为了一种不可抗拒的因素。美国著名历史学家塞缪尔·亨廷顿（Samuel P. Huntington）在全球化时代提出了他那令人不安的"文明冲突论"。他坚持认为：人类的历史就是人类的文明发展史，不同的文明形式或文化因素给人类赋予了各种民族身份，而标志不同文化或文明的重要因素之一就是语言。语言在世界上或在某一国的分布往往反映出权利的分配，而权利分配的变化又产生了语言使用的变化（Huntington，1996：40-50）。和亨廷顿一样，当时的美国政治思想家们也同样认为，语言是种族分化和民族消解的有效手段。建国后，美国各级政府实施了一系列语言压迫和语言同化政策，希望使不同种族和民族的群体通过语言接触和融合后，能够在较短的时间内融入美国主流社会之中，成为真正的美国人，从而达到民族统一、国家稳定。

首先，面对各种语言混杂的状态，美国建国后整合和统一语言的首要措施便是同化原著民印第安人的语言。在北美大陆上，最早的居民应当是印第安人了，后来由于领土扩展，才增加了阿拉斯加的爱斯基摩人和夏威夷的波利尼西亚人。印第安人约在25,000年前从亚洲东北部迁移到美洲，当英国人来到北美时，他们仍然过着原始公有制的部落生活。早期的印第安人分散居住，有上千个独立的单位，分属20个以上互不关联的语族，有着丰富多彩的古老文化，创造了数以千记的语言。关于美洲印第安人创造了多少种文字，至今仍没有一个定论。美国著名语言学家克尼思·凯泽勒宣称美洲的印第安语多达1000种以上，而且都散布在不同的小部族里，这些小部族多则上千人，少则不足一千人（蔡昌卓，2002：81）。据后来统计，北美印第安语有 500 种以上，美国就有 100 多种印第安语，而欧洲白人的到来却给印第安人的语言带来了灭顶之灾。

美国白人社会对印第安语的这种敌视态度并不是在建国初才形成，而是早在殖民时期就逐渐产生、发展而来的。早期欧洲殖民者，尤其是英国人，由于和印第安人争夺生存空间，对印第安人产生了民族仇视与隔阂，他们自然对印第安人的语言文化有着本能的排斥和鄙视。在他们的眼里，印第安语是有缺陷的语言，是野蛮的语言。既然如此，那么理所当然，在这个以英语语言文化占主导的社会中，就应该将其从美国新土地上清除掉。建国后，大部分美国人继承了殖民时期欧洲白人对印第安语所持有的态度，从普通的印第安寄宿学校的教师到从事印第安事务的政府官员，都认为印第安语是阻碍印第安儿童走向"文明"的绊脚石。美国建国初期的著名政治家、大律师丹尼尔·韦伯斯特（Daniel Webster）1826 年 3 月 1 日给美国作家和教育家乔治·蒂克纳（George Ticknor）的一封信中有这样一段关于印第安语的评说："我认为印第安语是 [世界上] 最粗糙的言语形式，我也认为就像印第安人的法律、风俗和习惯，他们的语言根本不值得学习和了解"（蔡永良，2003：69-71）。

19 世纪时，随着美国疆土的扩展和移民的增多，由于争夺生存空间与印第安人矛盾激化，对异族人的"美国化"（Americanization）被历史性地推到了前台，美国政府采取非印第安化的教育方式，来达到美国化的目的。1881 年，印第安事务局在一份报告书中说："美国人民现在要求印第安人应在一代之内变成白人。"1885 年，在另一份报告书中，又哀叹美国化教育的不成功，因为"那些野蛮父母生下的野蛮孩子"每天只上 6 小时课。"放学后回到家里，他 [们] 又按照他 [们] 种族的野蛮方式吃睡玩耍"，因此，学不到白人的风度和习惯。1890 年发布的印第安学校规章宣布："应尽力鼓励他们摒弃他们的土语"（黄安年，1992：489）。

其次，美国建国后整合和统一语言的另外一个措施是同化其他所有非英裔外来移民的语言。美国政府与白人社会不仅通过学校教育全面围剿印第安语，而且对其他非英语语言也进行排斥和打击。他们规定学校只能用英语进行教学，并通过封杀从事双语教育的教会学校以及其他各类学校的政府拨款的办法，打击和消解了德语、西班牙语和波兰语等。一位印第安那州参议员说："千百年来，上帝创造了一个说英语的条顿民族，一个能（用英语）把混沌的世界组织起来主宰它的民族。"为了更好地同化波兰移民后裔，一所学校的教学大纲里说："我是一个美国人，我想成为一名优秀的美国公民，每一个美国公民都应该说一口流利的英语。学校是我能学好英语的地方，我保证在学校里任何地方只说英语"（蔡永良，2003：60）。

事实上，在美国建国初期，对英语普及与发展能直接构成威胁的并不是数以百记的原住居民的语言，而是来自欧洲其他国家和地区的移民的语言，如苏格兰语、爱尔兰语、法语、德语、荷兰语和瑞典语等。所以，压制和同化这些外来移民的语言显得更加迫切和必要。最为典型的例子就是对德语的同化，因为在除了英格兰人以外的其他移民当中，德国人的移民数量最多。据研究显示，目前差不多每四个美国人中间就有一位是德裔移民或带有德裔血统的人，美国内战后还曾流传过德语只差一票便是美国国语的"穆伦伯格传说（The Muhlenberg Vote）"。所以德裔移民和他们的后代构成了美国除英裔移民及其后代之外最大的民族群体，他们的母语也是美国建国初期欧洲诸语言中对英语地位的威胁最大的语言。作为殖民地最大的非英语族裔，德裔人常常遭到英语族裔人的怀疑和反对，由于他们语言不通，加之德国人有着强烈的民族认同感，喜好集中聚居，自成一体，和英语族裔人的鸿沟越来越深。比如当时移居美国的德国人，大多数都汇集在社会政治环境较为宽容的大西洋沿岸中部，尤其是宾夕法尼亚殖民地，有的也径直去了边疆地区，在那里他们形成了强大的德语社区。而且德国移民建立德语教会，兴办德语学校，创办德语报纸等，不断扩大德意志日耳曼文化与思想意识的影响力。

面对德语的强大的发展势头，早在独立革命之前，本杰明·富兰克林就发现了英语面临其他欧洲移民语言冲击的威胁，特别是德语所带来的威胁。他指出："德国人的人数不久将超过我们，我以为，尽管我们拥有许多优势，我们还是难以保存我们的语言，我们的政府就会出现危机"（蔡永良，2003：59）。因此，他建议美国政府应当采取措施制止英裔美国人日耳曼化，政府应当把德裔移民分散到全国各地，让他们和英裔美国人混居在一起，同时还要在德裔移民聚居区建立英文学校，以此传播英语语言及其文化价值观，加强对德裔移民的同化。在同一个问题上，这一时期颇有影响的教育家、学者和政治活动家本杰明·拉什也主张用英语渗透的办法同化德国人。他说："联邦政府应当建立学校，让德国人睁开眼睛看看英语的用途及其重要性，这样做既可以保持《独立宣言》自由原则，又可以让英语在他们中间传播"（蔡永良，2003：59-60）。

除了德裔移民，其他所有外来移民一旦踏上美国的土地，同样首先要面对语言转化问题。面对英语强势地位的威胁，考虑到他们自身发展的需求，非英裔移民的母语逐步让路给英语。他们发现，在这样一个"自由"的新世界里，他们的母语已无法应付新的生活环境，无法用来扩展与主体文化的交流，无法用来处理复杂的社会人际关系，无法用来应付工作上的日常事务。对移民来说，能否讲一口流利的、地道的英语，直接影响到他们在这个国家中的成败。英语不仅是他们需要用作交际工具的国际通用语言，同时也是他们赖以谋求较高社会经济地位的通行证。有学者评论道："移民的子女在相当短的时间内就同化为美国人，这虽有公共教育的作用，但更出于后裔的自身发展的考虑。移民子女很快就讲英语，而不讲母语；很多人很快就和他们的出身一刀两断，一些人甚至还为自己的血统感到羞愧"（蔡昌卓，2002：25）。不少雇主在求职者中间招聘新职员时，不仅要求他们会讲英语，而且还要求他们会讲标准的美国英语。由此可见，那些不会讲一口流利的标准美国英语的移民子女，在美国的学习、生活和工作环境中都处于非常不利的地位。在这种现实情况下，除了在那些与世隔绝的小块地区外，没有一个较大的民族群体能够把自己的语言在第二代以后留给大量的后人，这与美国主流文化长期不断的融化以及政府机构的政策导向是分不开的（蔡昌卓，2002：25）。

19 世纪末，美国出现了帮助外来移民进入美国主流社会的美国化运动，以帮助外来移民及其子女学习英语，了解、适应美国的政治、经济制度和生活方式。20 世纪中期，联邦政府在美国历史上第一次批准了公共学校实行双语教育，这看上去似乎对非英裔移民保持母语和传统文化有益，然而其根本目的在于促进那些不熟悉英语的外来语族的儿童熟悉精通美国英语，以此来同化并最终消灭他们的母语，以便让他们丢弃自己民族的文化和价值观念，尽早融入美国主流社会之中（蔡昌卓，2002：25）。

在近代美国中学发展中，公立学校占有重要地位。而美国中学教育特别是公立学校的一项重要任务，是加速美国移民美国化过程。从独立革命到南北战争，全国各地已设有中学约 1,300 所，一般都是私立，但在 1821 年，波士顿已开办了美国式的第一所公立中学。由于 19 世纪末新移民潮的影响，美国化教育显得更加突出，这一过程在某种意义上是以被迫摒弃原民族传统为代价的。《美国教育的演进》一书的作者评论说：

> 对许多儿童来说，即使他们取得实质性成就，觉得自己真正是美国一分子，但他们为美国而付出的代价还是高的。代价的一部分来自教育体制，在这种体制下，他们低人一头，并且受到公开的敌视。至于教师的态度则往往是轻侮交加。为了推行美国化，学校逼迫移民儿童摒弃他们的传统以及家里的习惯与语言。跟美国印第安孩子一样，学校有时把欧洲移民儿童的姓名改了，最常见的是强迫他们简化其外国姓名的拼法。许多移民儿童辍学（黄安年，1992: 488）。

到第一次世界大战以后，随着美国初等、中等教育的改革，国家出台了《双语教育法》（Bilingual Education Act）。在这项法令的推动下，美国政府改变了过去教育中的语言同化政策，开始实行了双语教育，倡导多语言并存主义（Plurilingualism）。其实，美国进行语言同化的本质并没有改变，这里所谓的多语言并存主义，就是在美国这样一个由多民族构成的国家里，美国政府在形式上承认其他民族的存在事实，并肯定其他民族自己的文化对国家做出贡献，暂时允许其他语言文化存在，不再像过去那样，在语言上对那些还没有学好英语的外来移民的儿童们，一开始就马上用英语来授课，强迫其很快改变语言文化习惯。但是，这种多语言并存主义只是暂时的、过渡性的，美国政府想通过双语教育，让移民的儿童们逐步进入自由运用两种语言，最后达到掌握英语语言、完全领会美国文化价值、放弃原有文化意识的目的。据柯拉达斯克（Coradsco）1976 年的报告："按照这项法律，现在美国许多州都试行着双语并用的教育。作为同化政策的双语教育，主要是过去在殖民地里使用过的方法，那就是使一种语言最后同化于另一种语言而作为中间阶段所进行的那种双语教育"（芳贺纯，1982）。

美国被誉为世界民族"大熔炉"，各种肤色、宗教信仰与文化传统的人混居在一块大地上。那些不会讲一口流利的标准美国英语的移民子女，渐渐被美国主流社会抛弃。这种"大熔炉"的思想就是要让所有外来移民和原始土著居民放弃自己民族的文化和价值观念，成为"百分之百的美国人"。所以，确立英语语言的统治地位、创建美国创用语、同化非英语语言，英国殖民者从欧洲本土带来的语言观念在北美大陆得到了继续发展。"语言一致性"不仅是整个殖民时期英国殖民者所追求的目标，而且也是美国建国后政府和民众一贯的理想和追求，始终是美国政府贯彻语言政策的态度和准则。美国众议院长纽特·金里奇（Newt Gingrich）援引加拿大魁北克省的独立全民投票险些令加拿大分裂为例子，表示这对美国来说是个"警告讯号"，他说："我们应该坚持以英语为主，这是将我们连在一起的工具"；参议院多教派领袖，共和党候选人多尔曾就以"美国人说英语"为他的竞选主题之一。他宣称，"我们必须制止以多语较育作为逐渐灌输民族自豪或作为自尊低落的一种治疗的做法"（"美国多语教育面临挑战"，1995）。

五、语言政策的目的和意义

美国独立后，国民的民族意识大为增强，原先各自为政的殖民地已成为了一个统一的国家，有了一个统一的政府，这种民族意识和一体化的感觉强化了盎格鲁—撒克逊的主流文化地位，而主流文化则主要靠英语语言得到进一步加强和巩固。美国在建国伊始，便坚持统一民族的政策，除印第安人外，不许任何民族分地区自治，建立单独的民族区域，任何民族的人都只能作为公民享受法律上的平等地位。虽然美国建国初期社会矛盾重重，政府的权力分散，民族构成复杂，但是，由于移民在种族、语言、文化、价值观等方面和盎格鲁—撒克逊的主流文化相距不大，土著居民文化影响力又极弱，所以进行语言同化和民族同化并不是太严重的问题。有了共同语言的连接，一个统一的、团结的新民族屹立在了北美大陆上。

回顾一些民族国家的建设成长的历史，不难发现，民族语言的觉醒意识对于国家团结发展、繁荣富强有重要意义。有专家研究认为，在一个民族国家形成与发展过程中，民族语言承担着以下几个方面的重要作用：首先，民族语言有着突出的实用主义功能，它是民众交流沟通的工具，使得国家的政治经济能够高效稳定地发展。民众接受相同一致的国家教育，这使得民众更加趋同于国家的语言政策，他们之所以能够掌握民族语言，原因就在于他们是在这样的语言环境中接受的教育。他们的个人私利促使他们情愿接受语言同一政策，即使面临母语的改变也不反对，这是因为，标准流利的官方语言意味着就业、升迁，意味着被主流社会接受。其次，一个共同接受的民族语言会促进民族融合，从而形成一个共享的民族文化。这种共享的民族文化具有深层的象征意义：掌握并运用这个统一的民族语言可以说明一个人的归属，这是自己被该民族接纳的标志；而拒绝接受该语言则说明一个人对该民族共同体的排斥，会被认为是民族分裂者、叛国者。另外，如果可以证明一个民族的语言与其邻邦大不相同，有了这样联结民族的纽带，这个民族就理所当然应当被作为一个独立的民族来对待。因此，在民族主义时代，一些国家政治领导人坚信，倡导一个单一的民族共同体对于民族的存在与发展是至关重要的（Wright, 2004: 42）。

这个观点是不言而喻的，不仅是过去的历史可以证明，我们身边正在发生的历史事件就是鲜活的例子。在刚刚过去的 20 世纪后期，世界格局发生了激烈的变化，而这些许多的变化背后的潜在因素无不与语言文化紧密相关。丹尼斯（Dennis）认为，是语言文化的认同意识和由此而引发的民族主义给世界带来了如此激烈的变化。对此他这样评价道：民族主义，常常以语言或宗教为主要标志，是世界各地正在发生的各种杀戮、犯罪、邻邦冲突以及非正义战争等罪恶的产生的根源（Ager, 2001: 13）。当然，在感叹民族主义危险的同时，他也不得不承认这种由共同语言文化培养起来的民族主义也往往会使分散的团体团结在一起，结束长时间的分裂割据的局面和其他民族对民众人权的践踏和蹂躏状况。可见，语言是一个民族存在的灵魂，它是联结民众的牢固纽带。

由此不难理解，对于刚刚独立的美国，保证英语语言的统治地位，就可以有效地同化异族文化、同化其他民族语言，从而有效地解决美国民族冲突和民族矛盾，保证国家统一、社会平等，否则就会导致国家分裂、社会不平等。有学者写道："美国语言的这种一致性就地理而言，没有地区方言的隔阂；而就社会性而言，没有种族和阶级的隔阂。这两个方面的一致性都对国家生活产生了巨大的影响。它们是争取国家统一的象征原因，如果我们注意一下加拿大的大量讲法语的人对于加拿大政治生活所产生的影响，或者多种语言的存在如何妨碍了印度联邦制度的确立，我们就会开始认识到，如果没有语言上的统一，美国国家的政治生活将产生多么大的不同"（布尔斯廷，1987；310）！

殖民地时期，美国尚没有具有自己特点的文化，几乎完全袭用欧洲的思想观念和文化传统。独立战争以后，随着统一的美国英语的形成，经过长期在新环境中呼吸奋斗，渐渐在认识上有了不同的理解和创新，人们的思想意识逐步提高，便着力开拓与欧洲不同的美国文化，同时希望克服地域思想和民族隔阂，建立庞大、多元而又完整、统一的美利坚合众国。只有统一、普及的共同语言，才能更好地把人们的思想整合在一起。在这方面，韦伯斯特的《初级拼音读本》（*Elementary Spelling Book*）和麦戈菲（William Holmers McGuffey）的《读本》（*Reader*），最为人们所称道。它们不仅是语言传播的工具，更是先进思想的宣传武器，对于儿童和青少年的启发力量很大。在很多的这些教材里面，一是宗教色彩被冲淡了，在其圣诗中已经用新的诗歌补充修改了不少部分；二是建立了摆脱英国影响的美国文化，曾经从英国进口或英国出版、一向歌颂大英帝国的书籍被取消。教材中过去所使用的关于英国帝王的画像或描述被取消了，讴歌新政权的诗篇出现了，一致宣扬政治民主和国家独立的历史意义。这些充满激情的颂扬都表现了爱国主义的热情和追求新生活的愿望。美国的语言组织与语言规划的官员们更盼望通过向青少年灌输民主爱国思想，从而塑造他们对于美利坚合众国的忠诚和热爱，让他们认为美国是"世界上最良好的国家"。

　　当然，语言的统一，有利于国家的团结与稳定，但美国语言的统一是建立在同化和消灭其他非英语语言基础之上的，同样给国家的发展与稳定带来了一系列的问题，比如，美国黑人和印第安人的教育问题就是一个突出的例子。南北战争前，成年黑人识字率只在10%上下。19世纪30年代，南方各洲通过更多的法律，禁止教授奴隶读书识字。北方各洲虽有黑人入学，但只是零星的、分散的。1820年，波士顿有一所单为"有色"儿童举办的小学。南北战争后，在南方重建期间，在自由民主的推动下，南方黑人教育才得以发展。到19世纪末，在慈善办学中和黑人自助办学中，黑人的受教育水平有了提高。1900年，有28,560名黑人教师，在校黑人儿童在150万以上。有34所黑人院校培训大学人才，更多的黑人进入北部的大学和学院。美国著名黑人领袖、著名的黑人教育家布克·华盛顿（Booker T. Washington）在1881年创办了特斯吉斯师范学院，专门培养黑人

教师，当时只有 30 个学生，布克·华盛顿是唯一的教师。他主张对
广大黑人群众进行工艺技术教育，而对黑人政治权利和民权不感兴
趣，以接受种族隔离换取白人对黑人接受充分的学校教育的支持。实
际上，华盛顿追求的是培养驯服的黑人工匠阶层，对于黑人政治地位
的改善，并无明显变化。19 世纪末，种族隔离之风日甚，1890 年时，
在白人学院就读的黑人，总共还不到 800 人。

面对一系列的社会教育问题中，美国政府后来为了体现其民主平
等的一面，允许一些学校使用双语教学，但双语教学的真实目的并非
为了保护少数人集团语，而是为推行英语创造更好的条件。有许多
迹象表明，美国并不放弃其单语和单文化政策，比如，得克萨斯州
(Texas) 法庭重申一条旧规定："允许雇主禁止雇员在公共场所使用少
数人集团语"（黄毅，1989）；目前，美国的一些政府人士和学者们
极力倡导唯英语运动，他们固执地认为，历史上能够成功地、持久地
主导世界的语言，其背后都有一个强大的政治集团，他们无不在时时
刻刻守卫和推广自己的语言。他们声称：

> 英语从来就是我们社会的"黏合剂"，是民众间最为重
> 要的"共同纽带"；与昔日的移民不同，现在的移民拒绝学
> 习英语，都是因为政府所支持的双语教育计划带来的负面影
> 响；一种新的语言应当在强迫的情景下才能学好；这些各个
> 种族的领导者们大力倡导双语教育都有他们不可告人的目
> 的；语言多样性不可避免地会导致语言冲突、种族对立，甚
> 至像加拿大魁北克省那样的政治分裂 (Crawford, 2000: 6)。

这充分说明，双语教育本质上就是一个同化与过渡的阶段，是每一个
外国移民必经的痛苦阶段。通过双语教育，使受教育者非常快捷、非
常自然地接触和学习英语语言言文化，并在潜移默化中、在不断地重
复使用中，人们渐渐从单操某一外国语言过度到单操英语，直到完全
地融入美国社会文化大潮中，成为完完全全、地地道道的美国人，不
再是外人、怪人。但不可否认，少数人语言族群的需要得到政府及其

使用英语的主体成员的重视，双语教育也得以重新恢复，联邦法令也确认了少数人语言族群的公民权。

很显然，以英语为中心、排斥打击印第安语和其他非英语语言的"语言中心主义"的文化霸权行为不仅是早期英国殖民者所追求的理想，也是建国时期美利坚合众国的缔造者们所信奉的理所当然的理念，而且也是贯穿不同历史时期美国语言政策的基本方针。这是美国用来消解其他语言进而同化其他民族的理论武器，以英语为中心、排斥打击印第安语就是这种"语言中心主义"的产物。当然，语言一致和统一并不是最终目的，中心目的在于保证民众思想文化的一致，而思想文化的一致就能保证国家的统一，从而达到以盎格鲁—撒克逊文化为核心的美国文明的统一。谈到美国语言统一对国家的贡献，布尔斯廷感叹道："要是在一个讲着多种语言的国家里，就很难形成现在美国文化的许多其他特征……我们这种大众化的不分阶级的语言为整个美国提供了一种'平等'的讲话方式"（布尔斯廷，1987：310）。

美国的移民规模之大、持续时间之久、融合程度之深，都是人类历史上罕见的。建国以后，美国接待了源源不断来自各大洲的移民约4,500万。现今 2.5 亿美国人中，除极少数土著居民外，全都是移民及其后裔。"我们研究美国人，简直就像在研究全世界的人，移民把世界各国的种族和文化带到美国，在这里形成了一个新的整体"（钱满素，2001：200）。前面讲过，美国的历史就是外来移民汇入与融合的历史，但在这样各民族整合的历史中，并不是每个民族都能有幸完整地保留本民族的语言文化。由于在建国后的美国大地上，英语语言文化处于统治领导地位，所以后来的移民都必须首先适应英裔的主流文化，才可以在这片"自由"的乐土上找到自己的位置。随着英裔主流文化逐渐转变为独特的美国新文化后，所有的外来移民在美国化的过程中，都不可避免地被纳入了美国文化、经济、政治、社会体制的轨道。在共同的语言文化的教化下，他们原有的语言文化意识渐渐淡化，直到完全消逝，最后融入美国社会的洪流之中，消散在普通的美国人之中。在这个新的整体的形成过程中，英语语言的贡献不可小视，它将全体美国人紧紧地捆绑在了一起，这不仅帮助美国人民实现了独立和统一，也在后来的两次世界大战中展现出了美国人民团结的力量。

美利坚人民创造了人类历史上的建国奇迹，因为在这片广袤的土地上生活着不同的种族，却形成了统一的民族；在这个以单一语言英语占主导地位的国度，却发展形成了多元文化。这里简直就是人类不同种族、不同文化能否和平相处、共同繁荣的一个试验场，而且美利坚民族共同体的最终建立，则意味着这个伟大试验的初步胜利。其实，在感叹美国人民所创造的奇迹的同时，我们会理智地发现，在这个试验场中，共同的语言是这个人类伟大试验不断前进的关键因素之一，没有语言的一体化，美国便不可能成为统一、团结的民族国家。然而，尽管美国人民通过各种方式达到语言文化的统一，诸如确立英语的主导地位、创建美国创用语、同化非英语语言等，但在这样一个民族"大熔炉"里，种族的非同化现象和文化多元因素仍然存在，并且随着解构主义思想、后现代主义思想、后殖民主义思想的发展，将发挥越来越大的作用。因此，不允许多元文化的存在也不符合实际，同化很多情况下是自然和自愿的，一体多元也许应当是美国文化至今最好的存在方式。

参考文献

Ager, Dennis. *Motivation in Language Planning and Language Policy*. Bristol: Multilingual Matters Ltd. 2001.

Crawford, James. *At War With Diversity: US Language Policy in an Age of Anxiety*. Clevedon, Buffalo, Toronto, Sydney: Multilingual Matters Ltd. 2000.

Crawford, James. *Hold Your Tongue: Bilingualism and the Politics of "English Only"*. Reading Mass.: Addiso-Wesley. 1992.

Ferguson, Gibson. *Language Planning and Education*. Edinburgh: Edinburgh University Press. 2006.

Huntington, Samuel P. *The Clash of Civilizations and the Remaking of World Order*. New York: Sion & Schuster. 1996.

Wright, Sue. *Language Policy and Language Planning*. New York: Palgrave Macmillan. 2004.

蔡昌卓，《美国英语史：美国英语融合与创新的历史研究》，北京：北京大学出版社，2002。

蔡永良，《美国的语言教育与语言政策》，北京：中国社会科学出版社，2007。

蔡永良，《语言教育同化：美国印第安语言政策研究》，北京：中国社会科学出版社，2003。

丹尼尔·布尔斯廷著，时殷弘等译，《美国人：殖民地的经历》，上海：上海译文出版社，1989a。

丹尼尔·布尔斯廷著，谢延光等译，《美国人：建国的经历》，上海：上海译文出版社，1989b。

丹尼尔·布尔斯廷著，中国对外翻译出版公司译，《美国人：建国历程》，北京：三联书店，1993b。

丹尼尔·布尔斯廷著，中国对外翻译出版公司译，《美国人：开拓历程》，北京：三联书店，1987。

丹尼尔·布尔斯廷著，中国对外翻译出版公司译，《美国人：开拓历程》，北京：三联书店，1993a。

芳贺纯[日]，崔吉元译，"双语教育的必要性"，《汉语学习》，1982(1)。

黄安年，《美国的崛起》，北京：中国社会科学出版社，1992。

黄毅，"美国的双语政策和双语教育"，《民族教育》，1989(4)。

雷·艾伦·比林顿著，周小松，周帆，周镜译，《向西部扩张：美国边疆史》，北京：商务印书馆，1991。

李剑鸣，《文化的边疆》，天津：天津人民出版社，1994。

刘绪贻，杨生茂，《美国通史》（第二卷 美国的独立和初步繁荣
　　1775—1860），人民出版社，2002。

"美国多语教育面临挑战"，《港台信息报》，1995 年 12 月 13 日。

钱满素，《美国文明》，北京：中国社会科学出版社，2001。

滕大春，《美国教育史》，北京：人民教育出版社，1994。

熊沐清，张弘，《美国简史》，长春：吉林摄影出版社，2004。

余惠邦，《双语研究》，成都：四川大学出版社，1995。

第四章　美国 20 世纪的语言政策

美国 20 世纪语言政策的主要特征是双语教育和唯英语运动，也称英语官方化运动。本章首先详细介绍双语教育和唯英语运动的发展历程，之后全面分析影响它们发展的社会、政治等因素，最后，深刻揭示出双语教育和唯英语运动的本质。如前所述，美国是一个移民国家，1820 年以前，主要是英国移民，1820 年以后，北欧（爱尔兰、挪威、德国）的移民大量增加，19 世纪末，南欧及东欧移民增加。20 世纪初，大部分的移民来自欧洲，到 20 世纪 90 年代，移民主要来自南美及亚洲，由此可以看出美国是一个多语种、多文化的国家。其语言包括印第安语、英语、法语、荷兰语、德语和西班牙语等。1990 年人口普查显示，美国现有 380 多种语言。英语是全国通用语，也是使用人口最多的语言，非西班牙裔白种人和黑人也都说英语，其次是西班牙语（中科院民族研究所课题组，2003：22）。

据克劳弗德（Crawford, 2000）转述克拉斯（Krauss, 1995）的统计，美国有 175 种土著语言。其中 89%，也就是有 155 种，已经是死亡中的语言，因为越来越多的土著人，尤其是年轻人长大后只说英语。据美国人口普查局估计，在 1990 年，三分之一以上的美国印第安语言和阿拉斯加土著语言（136 种中的 47 种）在家庭使用的人数不到 100 人，还有 22 种在家庭中使用的人数均在 200 人以下。1992

年霍尔姆对保留地及附近地区 110 所学校的 3328 所纳瓦霍人幼儿园的调查结果显示：纳瓦霍语讲得不错的只占 32%，英语说得不错的却占 73%，纳瓦霍语说得比英语好的只有 16%（Holm, 1993）。这项调查表明，纳瓦霍语的前景并不乐观。简言之，20 世纪美国土著语言的状况是讲的人越来越少。随着老人们的去世，消失的土著语言会越来越多，甚至整个土著语言濒临灭绝。

英语是美国使用人口最多、使用范围最广的语言，是美国的通用语言。这种状况从美国独立之始一直持续到 2006 年 5 月（2006 年 5 月 18 日，美国参议院通过了一项修正案的表决，首次以立法的形式确立英语为官方语言）。《独立宣言》和美国宪法用英语写成，几乎所有的文件、会议、日常交流用语都是英语。据 1990 年的普查，98% 的美国居民英语讲得很不错或足够好，只有不到 1% 的人不讲英语。

根据 1994 年人口普查局的统计，美国有 8.7% 的人口是非美国出生的，有 3180 万人讲英语以外的语言。1980 年美国有 2300 万非英语人口，大约占美国人口的 38%，到 1990 年有 3180 万，增加率是 38.1%。在移民语言中，讲西班牙语的人最多，约为 1730 万，占讲非英语母语者人口的一半以上。这个数字比起 1980 年时呈上升趋势，1980 年，讲西班牙语的美国公民仅为 1110 万。除西班牙语外，使用最广的其他移民语言有法语、德语、意大利语和汉语（周玉忠，2004：168）。

语言种类越多，围绕语言展开的斗争就越多，语言教育与语言政策就越复杂。美国有隐性的语言政策，也有显性的语言政策；有鼓励双语教育的政策，也有反双语教育的唯英语运动。总体来看，美国 20 世纪的语言政策以双语教育和唯英语运动为主。有关双语教育及其政策可分成三个时期：20 世纪头 50 年，为双语教育限制期；50 年代起到 80 年代，为双语教育蓬勃发展期；80 年代到新世纪之交，为双语教育遭排斥期。有关唯英语运动的发展，其典型时期为：20 世纪 80 年代至 21 世纪初的英语官方化运动和反双语教育立法。

一、双语教育

双语教育是美国 20 世纪语言政策的主要特征。美国双语教育政策的制定和废除在很大程度上与联邦政府和整个美国社会对待移民的态度有关。双语教育大体经历了三个时期，即双语教育限制期（1900—1950）、双语教育蓬勃发展期（1958—1980）和双语教育排斥期（1981—2002）。下面将一一介绍不同时期双语教育的发展状况并分析其原因。

（一）双语教育限制期（1900—1950）

19 世纪末至 20 世纪头 20 年里，大约有 2,300 万源自南欧和东欧国家的移民来到美国开始生活。其中有一定比例的移民来自极端贫困的南欧和西西里地区，还有大约 200 万犹太人来到美国。他们多是为了逃离战争和政治迫害。这些移民跟老移民在种族、经济状况、受教育程度、文化宗教信仰上有明显不同。新移民大都贫穷，接受教育程度低。这些显著的不同使得身处主流文化的美国人认为这些新移民很难被"同化"。老移民认为新移民给美国带来了较重的社会负担，增加了犯罪率，而且他们的到来，减少了老移民的就业机会。这使得这些新移民遭到了老移民的排斥与歧视。排外主义毫无疑问影响到了教育领域，对于双语教育实践的限制作用尤其明显。一些州在对待移民教学语言问题上采取限制性措施。许多州出台了法律，规定不使用英语教学是非法的，一至八年级学生必须使用英语作为教学媒介语。

爆发于 20 世纪的两次世界大战加强了国家的语言限制主义。两次世界大战期间，美国的民族主义不断酝酿、发展，并和反德情绪结合起来。狭隘的民族主义影响了教育政策，尤其是关于少数民族的双语教育政策。由于仇视德国的情绪高涨，一些州出台法规禁止在课堂上和公共场所使用德语。德语书籍被焚毁，实行德语—英语的双语学校遭到严重破坏。

方兴未艾的美国化运动也阻碍并限制了双语教育的发展。20 世纪初，始由一群商人发起的以"反对外国劳动力对本国劳动力市场的冲击和影响"为目的的美国化运动，后来成为净化移民并使他们同化到主流文化中的运动的统称。美国化的目的是要用美国的主流语言和文化替代移民以及其他非英语少数民族的语言和文化（蔡永良，2007：185）。美国化产生的结果是：很多州以法律的形式要求公立学校和私立学校都要使用英语作为教学媒介语。

20 世纪头 20 年里，对双语教育实施限制的具体做法有：1906 年颁布的《国民法》明文规定：移民只有在具备英语语言能力后，才能加入美国国籍。随着对儿童英语能力的重视、对统一的美国社会的向往以及联邦政府对州、县的控制日益加强，政府和民众达成了这样一种共识：即在义务教育阶段的学校应该使用一种"共同语"进行教学；1919 年美国教育部的"美国化"办公室采纳了一项决议，规定"所有州的学校，无论公立的还是私立的，都应该用英语实施管理，所有的小学都应该用英语进行教学。"到了 1923 年，美国已有四分之三的州颁布法令规定所有的小学，无论公立的还是私立的，英语是唯一的课堂教学用语。其原因就是 19 世纪与 20 世纪之交，美国的移民数量剧增，公立学校的课堂中充斥着大量移民学生。美国社会担心由于这些外国人不懂得美国社会的主流语言——英语，会引发各种社会的、经济的和政治的问题。因此，"熔炉"主义、同化主义思潮日渐泛起，以期实现美国社会的融合和协调一致。双语教育的限制运动一直持续到 20 世纪 50 年代末。

（二）双语教育蓬勃发展期（1958—1980）

1958 年到 1980 年这段时间，是双语教育蓬勃发展的阶段。在此阶段，政府颁布了一系列有利于双语教育的法案，尤其是 1968 年《双语教育法》的颁布，开启了美国法定双语教育的历史，它与此后的系列双语教育的修正案一起，把双语教育推到了发展的黄金时期。

当然，《双语教育法》的颁布以及双语教育的蓬勃发展，与其所处的特殊的时代背景是分不开的。

1. 双语教育蓬勃发展的时代背景

双语教育兴起的首要原因是民权运动的兴起。20 世纪五六十年代，美国社会逐渐转入后工业化，民族矛盾日益尖锐并不断引发暴力冲突。黑人民权运动蓬勃发展，从 1955 年抗议种族歧视的抵制公共汽车运动被联邦最高法院判决在公共汽车上实行种族歧视是违法行为开始，到 1963 年，美国黑人民权运动进入高潮期，美国历史上出现了空前的"向华盛顿大进军"的有组织的群众游行，以黑人为主体，有白人和其他少数民族参加的 25 万人从全国各地游行到华盛顿，主题是"争取就业和平等权利"、反对种族歧视。黑人民权运动如火如荼的开展，也使其他少数民族族裔受到影响，民族意识增强，不断追求平等权，要求社会地位的提高，并由此引发了一系列反抗种族歧视、追求民族平等权的运动。美国民权运动的发展有种族对抗的性质，黑人居住区骚乱，大学校园、城市中也发生因种族问题而引发的暴力冲突。种族关系紧张、种族问题的严重性迫使美国国会和联邦最高法院做出有关立法和判决：1950 年 6 月，最高法院裁决铁路餐车中实行种族隔离违宪；1955 年 11 月裁决公园、高尔夫球场等公共运动场所实行种族隔离为非法行为；1956 年 3 月裁决佛罗里达州的一所大学应接收黑人研究生入学；在种族教育方面最著名的裁决是 1954 年的"布朗诉托皮卡教育委员会案"（Brown v. Board of Education of Topeka）。法院以 9 比 0 的票数裁定将黑人孩子与白人孩子隔离开来的美国公立学校教育为违宪，决定认为：美国公立学校分黑白两类，分别招收黑人孩子和白人孩子，伤害了黑人孩子，用法律确定这一种族隔离教育，影响最为严重，因为种族隔离政策通常意味黑人是低等族种；等等。类似裁决的出台终止了种族隔离教育的合法性（蔡永良，2007：196-197）。"布朗诉托皮卡教育委员会案"的判决在法理上为少数语种在学校中的使用提供了法律保障，促进了双语在教育教学中的推出。之后，"迫于民权运动的影响和压力，美国国会于 1964 年 7 月通过《民权法》(The Civil Rights Act of 1964)，禁止一切公共场所的种族隔离，废除种族隔离的学校或社区教育，违者停止发放教育经费。1965 年又通过《选举权法》(The Voting Rights Act of 1965)，禁止因肤色、种族、信仰不同剥夺其公民选举权"（蔡永良，2007：197）。《民权法》的制定、《选举权法》的推行、以及高院的判决，在一定程度上摧毁了法律上的种族隔离。《民权法》在法理上成为保障双语教育法顺利通过的一个重要的法律依据。

其次，教育的需要。有关教育的需要，可以从三方面来剖析：第一，学生人数的大幅增加。第二次世界大战后，美国经历了婴儿潮时期，出生率大幅上升，战前学龄儿童约 2,000 万人，到 60 年代增至约 3,000 万；中小学就读人数也大幅度增长，1910 年约 100 万，到 1940 年约 700 万，到 1960 年已增至 1,000 多万。学生人数的激增要求建立更多的学校来满足学生的入学要求，同时学校的建立需要教育当局投入更多的经费。这刺激了教育事业的发展，也引起政府更多地关注教育，在教育上加大力度。另外，20 世纪 60 年代前后，美国再次出现移民浪潮。随着美国移民数量的大幅度增加、移民力量的日益壮大，移民学生的多语言现象也凸显为美国社会的一个十分敏感的政治问题。广大移民认为，联邦政府对移民学生的教育问题不够重视，没有解决好移民学生的语言教育问题。因此，他们强烈要求对移民学生进行平等教育。迫于移民的呼声，为了缓解社会矛盾，美国政府做出决定，恢复双语教育的传统。第二，对原有教育的反思。长期以来，尤其是 19 世纪到 20 世纪初，美国社会对移民与原住民采取的教育方式都是同化教育，用纯英语的单语教育方式迫使移民及原住民放弃母语及其文化，接受美国英语主流文化。以原住民为例，印第安孩童在很小的时候，就被当局从父母身边强行拖走，放到印第安寄宿学校，长期不得与父母见面，并强迫他们通过英语媒介语接受美国文化及价值观念。这种行为后来遭到美国一部分人的批评，批评印第安寄宿学校的非人道行径，批评原住民教育政策把原住民儿童当成了工厂里的原料。总之，之前的对移民和原住民的同化教育，诸如禁止他们使用本民族语言，只使用英语，迫使他们放弃本民族的习惯与文化，强迫他们接受美国主流文化等做法，使得学生很不开心，开始厌学，部分移民学生因无法适应唯英语教学而导致低分情况严重，以至辍学率升高。这些情况使当局不得不考虑新的教育方式，而不是唯英语教育和单一的美国化教育。此时，"梅利亚姆"报告（The Meriam Report）的诞生，对于后来双语教育的发展具有转折意义。"梅利亚姆"报告诞生的背景是人们对于印第安寄宿学校教育的批评与质疑。"梅利亚姆"报告指的是由芝加哥大学社会学教授路易斯·梅利亚姆（Louis Meriam）为组长的调查组对印第安寄宿学校深入调查后所撰写的报告，报告指出，寄宿学校的课程设置以白人语言文化为中心是错误的，应兼顾印第安语言文化与白人语言文化之间的多样性。该报告"提倡兼顾原住民的语言与文化，实际上是否定了寄宿学校的唯英语教育，为双语教育等非唯英语教育开启了转机……集中体现对原住民教育进行反思的'梅利亚姆'报告一方面促使美国主流社会进一步审视他们以往对待非英语民族的错误态度……，另一方面为美国社会思考和处理与非英语族种之间关系，尤其是他们的教育问题，提供了现实参考与思想内容。原住民从唯英语教育逐步转向双语教育这一语言政策的转变开始影响到美国政府对其他少数民族的语言及其教育的政策"（蔡永良，2007：191）。第三，美国进入了教育大普及年代。第二次世界大战后，美国认识到国内教育在教育制度和教育政策上存在严重问题，尤其是苏联 1957 年成功发射第一颗人造卫星，这对美国是当头一棒，更加肯定国内科技的落后是由于教育的缺陷。随后，美国在 1958 年通过了《国防教育法》，在学生贷款、保障高等教育机会、资助教学设备与设施上做出了巨大努力。其目的主要是加强国防，满足国防需要，改进教育计划，促进教育发展。另外该法还强调加强外语、数学和科学的教育，对英语以外的其他语言的教学给予了高度重视，这在一定程度上促进了美国双语教育的发展。

再次，同化观念的转变。20 世纪 50 年代以前，美国老移民秉承的是单一的同化观念，即迫使新移民及原住民完全放弃本民族语言与文化习惯，接受美国的英语主流文化。然而战后初至 20 世纪 60 年代，随着美国经济持续发展，移民对美国的贡献也逐渐被大多数美国人所承认，美国社会各界对少数民族的宽容心理增强，意识到民族多元化格局存在的客观性，加之 20 世纪五六十年代民权运动如火如荼的开展，各少数民族平等意识和对本民族文化认同感的增强，单一同化的观念受到极大冲击。此时，文化多元论逐渐占据上峰，它强调社会中的每一个种族群体始终体现对"本文化族群的认同"，同时社会也提供了各种文化"和睦共处"的条件（钱皓，2002：8）。这种宽松的条件有利于少数民族对美国文化和本民族文化的双重接受。双重文化与双重认同意识推动了双语教育的发展，同时也是双语教育法形成的文化理论基础。

2. 蓬勃发展时期的双语教育政策

1958 年 9 月 2 日，美国国会颁布了《国防教育法》，主要目的是加强国防，满足国防需要，改进教育计划，促进教育发展。另外强调加强外语、数学和科学的教育，对英语以外的其他语言的教学给予了高度重视。该法的出台在双语教育中最大的贡献是推动了在小学、中学和大学实施外语教学。

1964 年 7 月通过的《民权法》禁止对种族、肤色以及国籍的歧视，并促成了"美国公民权利办公室"的成立。该法案是一个重要的里程碑，它象征着美国社会开始对少数民族群体予以积极关注，给予少数民族语言越来越多的认可，有力地促进了双语教育的复苏。

1965 年美国国会通过《中小学教育法》（The Elementary and Secondary Education Act），该法的提案为得克萨斯州参议员拉尔夫·亚波罗夫（Ralph Yarborough）于同年提交给国会的关于中小学双语教育的提案，"其初衷是关心贫穷的得克萨斯墨西哥人子女的教育问题，通过联邦法律保障这些孩子能够享受足够的教育资源，改变其学习落后乃至不得不辍学的状况"（蔡永良，2007：204）。

1967 年，亚波罗夫议员提议把《双语教育法》作为 1965 年《中小学教育法》的修正案，旨在为那些英语口语能力有限、学业成绩不理想、母语为西班牙语的学生提供帮助。

1968 年，《中小学教育法》修正案提案被正式确立为《双语教育法》，又名《中小学教育法第七条》(Title VII of the Elementary and Secondary Education Act)。该法案要求为那些母语为非英语的学生拨款以使他们接受双语教育。《双语教育法》的出台，结束了一直以来仅在教会或私立学校使用双语进行教学的历史，给予了在全国范围内的公立学校中开展双语教育的合法地位，并以法律的形式保障了少数种族语言与英语在教学方式中具有同等的地位，开启了法定双语教育的历史，使双语教育正式成为联邦教育政策的重要组成部分，从而使得为少数民族学生争取平等教育机会的运动转化为国家强制实行的教育政策。不过，《双语教育法》的通过虽然意义重大，但在内容上还有需改进之处。首先，惠泽对象范围狭窄，《双语教育法》主要针对的是当时年收入低于 3,000 美元的母语为非英语的贫困家庭的儿童。这样，年收入在 3,000 美元以上的贫困儿童以及其他英语能力有限的儿童便被排除在外。其次，资金投入不到位，《双语教育法》支持双语教育的主要方式是提供资金投入，政府对资金的投入也有具体计划：1968 年投入 1,500 万美元，1969 年增加到 3,000 万，1970 年 4,000 万。然而实际执行上却与计划相去甚远。以 1969 年为例，计划投入 3,000 万美元，实际投入却不过 750 万美元。

1974 年出现了著名的"劳诉尼科尔斯案"(Lau v. Nichols)。《双语教育法》要求向英语能力有限的学生提供双语教育，但实施过程中出现问题，其中最有代表性的是"劳诉尼科尔斯案"。具体情况为：当时旧金山有 2,000 多名英语能力有限的华裔学生，其中的 1,000 名学生接受了使用英语授课的补充课程，但另外的 1,800 多名学生却未能接受此种教育。华人家长遂向法院提起诉讼，认为学校未向学生提供足够的英语语言教学课程，影响了学生的正常学习，使他们英语能力提高不大。案件最后诉至联邦最高法院，1974 年，最高法院作出最终裁决：旧金山校区没有为 1,800 多名华裔学生提供英语教学，是剥夺了华裔学生接受平等教育的权利，校区必须采取有效措施克服非英语或英语能力有限学生的语言障碍。该案件最大的意义在于提出了对于"教育平等权"的要求，因而该案的判决被称为双语教育的里程碑事件。它完善了《双语教育法》，也对 1974 年美国《平等教育机会法》和《双语教育法》修正案产生了重要影响。

1974 年 8 月通过并颁布了《双语教育法》修正案，该法与 1968 年的《双语教育法》相比，有了长足进步：第一，修正案扩大了惠泽对象范围。《双语教育法》针对的群体只是年收入在 3,000 美元以下低收入家庭的孩子，修正案将范围扩大至几乎所有学生，包括土著印第安人、所有英语会话能力有限的儿童以及英语为母语的儿童（虽然可以包括母语为英语的儿童，但不可以教他们外语）。第二，受"劳诉尼科尔斯案"判决与《平等教育机会法》的影响，修正案首次明确提出"教育平等机会"，这种平等机会体现在：鼓励双语教育练习以及教学技术和方法的使用，促进适当的教育计划的建立与实施；向地方与州教育机构的特定教育目的提供财政帮助，以便各地在设计教育计划时能考虑到各种族学生的实际需要，使那些英语能力有限的学生在使用本土语言的同时能够在英语语言上取得成就；让双语教育计划内的儿童参与普通班级的美术、音乐和体育课。第三，修正案加大了对双语教育的投入。国会拨款从 1974 年开始为 1.35 亿美元，1976 年增至 1.4 亿，1978 年 1.6 亿美元。第四，为了方便双语教育的顺利推行和资金的合理使用，在教育署（Office of Education）设立独立、专门的部门"双语教育办公室"（Office of Bilingual Education）负责计划的实施、评估与资金的预算，并向国会和总统定期汇报。第五，明确了"英语会话能力有限"（Limited English-speaking Ability, LESA）人群的概念。1968 年《双语教育法》中对此概念的界定很模糊，修正案明确指出"英语会话能力有限"人群分两类：一类是"不在美国出生或本土语言不是英语"的人，另一类指来自于"非英语为主流语言环境"的人，并特别指出了"在用英语进行的教学中会话和理解上有困难的"人，将原来的仅仅会话有限扩大到是否可以听懂全英语授课，这些标准更有利于学生学习。

1978 年国会对 1968 年的《双语教育法》做了进一步的修订，1978 年的修正案与 1974 年的修正案相比，最大特征是范围扩大。这表现在三个方面：第一，接受双语教育的对象范围扩大。新修正案将 1974 年修正案中的"英语会话能力有限"的表述修改成"英语熟练程度有限"（Limited English Proficiency，简称为 LEP）。这表明，除了英语口语能力有限的学生可接受双语教学外，那些在听、读、写及理解方面有限的学生也可接受双语教学，无疑扩大了双语教育的范围；第二，采取双语教学的学校增多。之前的学校自愿选择是否采取双语教学的方法，因此在双语教育法推行的前几年，只有很小比例的拥有大量英语会话能力有限人群的校区申请双语教育基金，而 1978 年修正案指出，所有的地方教育机构，只要有一定数量的学英语的人，就必须建立双语教育计划，否则就可能被起诉或取消所有联邦的学校投资；第三，对双语教育的目的规定更明确。1978 年修正案将"双语教育计划"定义为用英语和儿童的本民族语言进行教学，以使他们在"英语语言上获得成绩"，而不是之前法案中强调的"在教育体系中进步"（Title VII—Bilingual Education Programs, in PublicLaw95-561-NOV.1,1978, p.2268—9, http://web.lexis-nexis.com/universe/attachment/a.pdf? September 21, 2005）。此修改传递出的最明确信息为：英语是学习的关键，学生学习是否进步的标准是英语成绩是否提高，双语教学不过是为达到学好英语这个目的的一种方法。

1984 年与 1988 年修正案与前几次法案不同之处有两点：第一，修正案指出联邦政府在为英语熟练程度有限的学生提供平等教育机会中负有责任；第二，1984 年的修正案将原来法案中的"双语教育计划"修改为"过渡性的双语教育计划"，"所有课程和科目的学习都是用以满足学生升级和毕业标准的需要"（Title VII—Bilingual Education Programs, in Public Law 98-511-OCT. 19, 1984, p. 2272, http://web.lexis-nexis.com/universe/attachment/a.pdf? September 21, 2005）。该修正案还提出了"特殊选择性教育计划"，指出该计划"将提供建构性的英语语言教学和特殊的教学服务，这将允许孩子在英语语言上有所成就，并满足升级和毕业的标准"（同上：p.2273）。从该修正案可看出，这一时期的双语教育，帮助学生学习母语和母语文化的作用大大减弱，而刻意强调其过渡性和媒介作用。

（三）双语教育排斥期（1981—2002）

从 20 世纪 80 年代开始，双语教育逐渐走向衰落。到 2001 年《不让一个孩子落后法》（No Child Left Behind）出台，保障双语教育合法地位的《双语教育法》被废除，双语教育政策走向终结。双语教育遭遇这样的结果，是由很多错综复杂的因素交织在一起造成的，有政策本身带来的因素，也有外部来自社会、政治等方面的影响，现将其概括为两种：一种是内部因素，另一种是外部因素。

1. 内部因素

首先是双语教育的效果评估：双语教育无明显优势。双语教育的目标是提高英语能力有限学生的英语水平以便于他们更容易地融入美国主流文化，这在 1984 年《双语教育法》修正案中讲得很明确："过渡性双语教育计划"，"所有课程和科目的学习都是用以满足学生升级和毕业标准的需要"（同上：p.2272）。"特殊选择性教育计划"，"将提供建构性的英语语言教学和特殊的教学服务，这将允许孩子在英语语言上有所成就，并满足升级和毕业的标准"（同上：p.2273）。换句话说，双语教育是一种为了提高英语能力有限学生的英语水平的一种手段，其最终目的是学生能通过英语媒介语对其他课程进行学习。但是，调查显示，双语教育在实施过程中，效果并不尽如人意。以对西裔学生学习情况的调查为例。为了了解英语能力有限的学生掌握英语的情况，美国教育办公室组织考查了西裔学生第四、第五年学习计划。调查发现，双语班级的西裔学生英语学科成绩普遍比普通班级的西裔学生差；另外，美国审计总署对于高等学校学生学业完成情况、大学入学考试的分数等情况做了相关研究，其结论是西裔学生的成绩依然较差；此外，美国教育部的一些官员也认为：没有证据能表明小语种语言儿童能从现在的双语教育计划中受益。

其次，双语师资短缺且双语教师质量堪忧。20 世纪后十几年里，英语熟练程度有限的学生在学校的注册人数每年的增长速度是学校总的注册人数的五倍。有些学区，英语熟练程度有限学生占到了学生总人数的 27%。英语熟练程度有限学生数量的增加，使得双语教师数量相对短缺，加之在这段时期，达到退休年龄的教师数量比前 50 年间达到退休年龄的教师总数还多，这更使得双语师资严重短缺。另外，双语师资的质量也令人担忧，有数据表明，在教授英语熟练程度有限学生的教师中，持有双语教育证书或英语作为第二语言证书的教师比例只占 2.5%，另有 30% 的教师接受过某种教师专业发展方面的培训，也就是说，还有 67.5% 的双语教师实际上根本不具备双语教师的资格。双语教师数量的严重短缺与质量低下的状况对于保障双语教育质量提出了严峻挑战。

再次，政策拨款的年增长率低于英语熟练程度有限学生的增长率，严重影响了双语教育的顺利进行。20 世纪 90 年代，有 1,400 万至 1,600 万移民进入美国，成为又一个移民高峰。移民数量的激增使得英语熟练能力有限的学生迅速增多，而这一时期的政策拨款却未按英语熟练能力有限学生数量的增长率相应增长。数据显示，1991—1992 年度至 1999—2000 年度，英语熟练程度有限学生数量年均增长率为 7.75%，联邦政策拨款年均增长率仅为 6.67%，政策拨款年增长率显然低于学生数量年增长率，为负增长。经费资源是每项政策顺利实施的保证，经费投入不足势必影响政策的顺利实施及实施效果。联邦教育政策拨款的不足也严重影响了双语教育在该阶段的发展。

2. 外部因素

20 世纪 80 年代开始，美国政治势力转向保守。美国总统里根是个保守主义者，对少数民族没有好感。他上台执政后，不仅裁减了大量的教育经费，还将教育行政中心下降到州，强调州对教育的责任，撤回了卡特政府时期有利于少数民族的双语教育提议，取消了一项支持少数民族语言教育的议案，认为该议案是完全错误的，而开办双语教育项目，保留少数民族语言也是违背美国精神的。

英语官方化运动借着这一阶段有利的政治氛围，开展得如火如荼。1981 年，加利福尼亚州参议员、旧金山学院院长早川一会（Samuel Ichiyé Hayakawa）向国会提交了一份提案，建议将英语确定为官方语言。提案未被通过后，早川转而与密执安州皮托斯基市著名眼科专家约翰·坦顿（John Tanton）一起建立了"美国英语协会"，宗旨是同化移民、统一语言、反对双语、废除双语教育。该协会在1983 年成立，在随后的几年里迅速发展，由其推动的英语官方化运动在州政府和联邦政府的立法方面都取得了很大成就，这让双语教育遭受了巨大冲击。

1998 年 6 月，硅谷商人朗·昂兹（Ron Unz）提出的关于取消学校双语教育的《227 提案》最终以 61% 赞成、39% 反对在加州获得通过；2000 年 11 月，昂兹提出的同样关于取消学校双语教育的《203 提案》以 63% 赞成、37% 反对在亚利桑那州获得通过，这表明，双语教育在这两个州结束了其原有的合法地位。

双语教育遭受更大的、也是最后一次冲击是在 2002 年 1 月 8日，乔治·W. 布什总统签署了一项文件，将 2001 年联邦政府国会两院通过的《不让一个孩子落后法》，即《英语习得法》（The English Language Acquisition Act），正式确定为美国联邦政府的公共法律（蔡永良，2007：278），这一法律终结了《双语教育法》。双语教育活动从此陷入低迷。

需要说明的是，虽然这一时期双语教育在阵阵指责声中举步维艰，双语教育遭到强烈排斥，但双语教育的活动并未完全中断，有关双语教育的政策也时有出台：1991 年，乔治·布什总统签署了《国家识字法》，允诺增加为英语水平不高者提供服务的资金；1994 年，美国第 103 届国会颁布了《改进美国学校教育法》，该法律重新授权了《中小学教育法第七条》，并强调州政府应敦促地方教育当局对《中小学教育法第七条》进行反思，为移民学生的语言学习提供帮助；1990 年，乔治·布什总统签署了《美国土著语言法》，承认美国印第安人、阿拉斯加原住民、夏威夷原住民及美国托管的太平洋群岛原住民的语言权，并指出，美国土著居民的语言及文化的状况是独特的，美国有责任确保其存活，称美国的政策是保存、保护及推广美国土著居民使用及发展他们的语言权利；1992 年，美国政府又出台了《美国土著语言生存与繁衍保护拨款方案》，具体规定了保护和复兴印第安语的资助内容和方式。

二、唯英语运动（The English-Only Movement）

20 世纪美国语言教育与语言政策的另一重要特征是唯英语运动，也称英语官方化运动。该运动发起于 20 世纪 80 年代，发起人是加州参议员、旧金山学院院长早川一会。如前所述，他向美国国会提交了一份提案，建议在宪法中增补一项将英语确立为官方语言的法律条文，拉开了唯英语运动的帷幕。早川随后与约翰·坦顿一起建立了"美国英语协会"，将唯英语运动推向高潮。唯英语运动的目标与宗旨是排斥其他语言，独尊英语，并以立法的形式确定英语的官方化地位。

（一）唯英语运动的起因

要全面了解唯英语运动的整个过程，首先有必要明确唯英语运动的概念，以及研究唯英语运动开展的深层次原因。唯英语运动指的是排斥其他语言，独尊英语的活动，其主要特征是通过立法确定英语的官方化地位。自从英国人来到美洲大陆之后，英语就成为这块土地上的通用语言，然而英语却一直未从法律上被确立为美国的官方语言。随着非英语移民的不断增加，人们担心英语的地位受到威胁，便提出限制其他语言的使用，希望从法律上将英语定为美国的官方语言。英语在美国的地位，也可从美国前总统西奥多·罗斯福的态度中窥出一斑："在这个国家，我们只有容纳一种语言的空间，这就是英语，因为我们将会看到，这个熔炉把我们的人民变成美国人，变成具有美国国民性的美国人，而不是成为在讲多种语言的寄宿处的居民"（自中科院民族研究所课题组，2003：23）。他认为："让美国各个民族各说各的话，绝对是让美国解体或毁灭的最佳途径。""我们只有一面国旗，只能学一种语言，那就是英语。"（蔡永良，2002：80）。这就意味着在美国，语言政策的制定与实施，都必须以掌握英语为主，所有有利于掌握英语的政策与行为都得到肯定与支持，当然，所有违背这一主题的政策与行为都要遭到排斥与反对。20 世纪六七十年代的双语教育之所以能蓬勃发展，与双语教育的根本目的有关。双语教育的根本目的就是通过双语教育的方式，帮助英语能力有限的学生提高他们的英语水平。正如《双语教育法案》的主要提议者拉尔夫所说："把成千上万的学龄儿童带入美国的主流生活，让他们能够读书写字，用他们现在生活所在国家的语言，也就是英语读书写字"（Crawford，1998），其真实意图最终是为了使少数民族学生成功地过渡到主流语言——英语。双语教育采取三种教学方式：过渡性双语教学、浸入式双语教学和保持性双语教学。过渡性双语教学以英语为教学目标，在教学过程中通过母语授课来学习英语，主要目的是提高学生英语能力，并能用英语听课。学生经过一两年的学习，经测试英语达到一定熟练程度后，便被转到普通的英语授课班级，不再使用母语教学。浸入式双语教学把英语能力有限的学生集中到双语教师管理的特殊班级，教学中只使用英语，母语只在增进交流中使用。保持性双语教学是在教学中提供两种语言的使用，一半时间使用英语，一半时间使用母语，尽量保存学生母语的基本能力，并达到熟练使用两种语言能力的目的，但不以学习母语为主要目的。显然，过渡性双语教学与浸入式双语教学的目的都是帮助学生最终提高英语能力，而保持性双语教学则有保护和发展少数民族语言之嫌。一直以来，以提高英语能力有限学生的英语水平为目的的过渡性双语教学与浸入式双语教学是双语教育的主要方式，也是美国社会所能接纳的双语教育方式，而保持性双语教学很少实行。但是，20 世纪六七十年代随着双语教育的蓬勃发展，少数族裔开始倡导保持性双语教学，想利用双语教育的政策来保护和发展少数民族语言，而且在实践层面上也取得了较大成功。这显然违背了双语教育的"过渡性"原则，是美国社会所不允许的。加之这一时期，有不少拥护双语教育的人士把双语教育当作保护和发展民族语言和文化的机会，这又与美国盎格鲁趋同理念相背离。"他们的一贯理念是美国只能有一种语言，其他语言必须过渡到美国的语言，这是美国统一的纽带和标记，是不可动摇的"（蔡永良，2007：240），因此掀起了英语官方化运动。

国内有学者认为，20 世纪 80 年代到 21 世纪初的英语官方化运动共分两个阶段：第一阶段是运动积极分子试图通过立法将英语确定为美国官方语言的活动；第二阶段是以废除《双语教育法》为核心的反对双语教育的活动（蔡永良，2007：237）。

（二）英语官方地位立法

英语官方化运动始于 1981 年，加州的日裔参议员早川一会首先提出了《英语修正案》（The English Language Amendment），建议将英语确定为美国官方语言。他提出三个理由：第一，一个共同的语言才能统一社会，无共同的语言会分裂社会；第二，学习英语是每一个移民的主要功课；第三，一个移民只有通过学英语才能够参与美国的民主政治。

早川一会的提案未获通过，但产生了很大影响。三年后，沃尔特·赫德尔斯顿（Walter Huddleston）起草了一份与早川一会相同的提案，受到参议院的重视，并列入审议进程。

早川一会随后在 1983 年与约翰·坦顿一起建立了一个名为"美国英语"协会，继续从事唯英语运动，并将唯英语运动推向高潮。"美国英语"协会的目标与宗旨是排斥其他语言，独尊英语，并以立法的形式确定英语的官方地位，具体来讲，基本观点有以下五点：

（1）英语历来是我们的"社会黏合剂"，是我们最重要的"共同纽带"，英语帮助来自不同背景的美利坚人互相理解、消除隔阂；

（2）当今的移民与昨日的移民不同，他们拒绝学习英语，政府支持双语教育，怂恿和助长了他们的这种态度；

（3）学习英语的最好方法是强迫学习，在残酷的迫切需要面前，无路可循，唯有学好英语而别无他途；

（4）少数民族领袖倡导双语主义，怀有不可告人的自私目的，倡导双语教育可以为他们的选民提供工作，组织他们学好英语可以保持他们对领袖的依赖性；

（5）语言多样化必然导致语言冲突、种族仇恨，最后导致像魁北克那样的政治分裂。

行动纲领有以下五条：

（1）促使美国政府批准修改宪法，增补英语为美国官方语言的条款；

（2）废除投票选举用双语的规定；

（3）废除双语教育；

（4）实行有英语和民事服务规定的入籍法；

（5）扩大英语学习的机会。（蔡永良，2007：250）

"美国英语"协会得到很多人的支持，有很多名人参加该组织，包括前总统理查德·尼克松、诺贝尔文学奖得主索尔·贝娄（Saul Bellow）和影星阿诺德·施瓦辛格（Arnold Schwarzenegger）等。他们的加盟，更加壮大了支队伍的力量。

"美国英语"协会推动的英语官方化运动在极力宣扬基本观点、推行行动纲领、发展会员、争取社会更大支持等方面取得巨大成功的同时，在联邦政府和州政府的立法方面也取得了一定成果：联邦层面上，关于英语官方化的提案相继被提出：1982年参议院、1983年众议院分别提出《英语修正案》，1988年众议院就第100届国会上提出的5项英语修正案举行听证会，1995年《政府语言法案》、《官方语言宣言法案》、《全国语言法案》在国会提出并举行了听证会，1997

年众议院引入了第 1005 号、第 622 号和第 123 号法案，在参议院引入了第 323 号法案，都宣布英语为官方语言，引入的第 37 号众议院联合决议对宪法提出修正（中科院民族研究所课题组，2003：25）；州级层面上，虽然国会最终未能通过将英语定为美国全国官方语言，但很多州却通过州立法将英语定为州官方语言。这些州包括：内布拉斯加州 1919 年通过法令禁止用英语以外的语言教学，在 1920 年通过州宪法修正案宣布英语为唯一的官方语言；伊利诺伊州 1969 年对该州 1923 年的法律修正，规定"美国语"为该州的官方语言；夏威夷州 1978 年通过的州宪法修正案将英语和夏威夷语都定为官方语言；弗吉尼亚州 1981 年法令宣布英语为该州的官方语言和公共教学语言；印第安纳州、肯塔基州 1984 年采纳英语为官方语言；田纳西州 1984 年宣布英语为该州官方语言和法律语言，并进一步要求所有官方文件、通讯、投票和公共招牌用英语；乔治亚州 1986 年通过决议宣布英语为州语；亚利桑那州、科罗拉多州和佛罗里达州的选民在 1988 年投票通过了州宪法的官方英语修正案；1989 年马萨诸塞州洛厄尔的选民批准了一项没有约束力的决议，要求州立法机构和国会宣布英语为官方语言；亚拉巴马州在 1989 年表决通过了把英语作为该州官方语言的决定；1995 年乔治亚州、俄克拉何马州、蒙大拿州、新罕布什尔州和南达科他州通过了官方英语法案；1997 年至 1998 年阿拉斯加州、康涅狄格州、衣阿华州、堪萨斯州、马里兰州、马萨诸塞州、密歇根州、密苏里州、纽约州、俄亥俄州、犹他州、华盛顿州、威斯康星州考虑进行只用英语的立法。

　　1986 年又出现了两个英语官方化的游说组织："英语第一"和"美国种族联合会"，该游说组织的目的是防止语言或种族不同而分裂美国。

　　20 世纪美国唯英语运动并不仅仅代表一小部分民族主义激进分子的主张，而是代表了相当数量美国人的想法。他们支持英语官方化运动的理由是：1. 英语历来是"社会黏合剂"，是最重要的"共同纽带"，英语帮助来自不同背景的美利坚人互相理解、消除隔阂；2. 英语的统治地位已经受到或将来可能受到威胁；3. 既然移民到美国就应该学英语，英语需要保留成国语；4. 其他国家有官方语言，美国也应该有；5. 语言多样化必然导致语言冲突、种族仇恨，最后导致政治分裂。

面对英语官方化运动，一些团体作了针锋相对的斗争。"美国民权联盟"（ACLU）认为"唯英语"的立法会损害不擅长英语者的权利，致使人们对移民和非英语公民产生错误的刻板印象，违反了宪法第 14 修正案的同等保护条款，使得宪法由保护个人自由和权利的宪章变为限制个人权利的宪章，会产生诸多弊端。1987 年"向讲其他语言的学生教英语"组织（TESOL）通过《关于语言权利的决议》，支持人们保持和发展自己的语言和文化渊源，反对把英语宣布为美国的官方语言（中科院民族研究所课题组，2003：26）。1985 年，为了反对唯英语运动，"拉美人联盟"（United Latin American Citizens）与"西班牙裔美国人反歧视联盟"（The Spanish American League Against Discrimination）发起了"英语加 X"（English Plus）运动。西班牙裔美国人反歧视联盟主席奥斯瓦尔多·索图（Osvaldo Soto）认为光精通英语这一种语言是不够的，美国是一个多语言、多文化的国家，我们应该保持这种多样性（Crawford, 1989: 77）。1987 年秋诞生的"'英语加 X'信息交换所"（EPIC）成为反对唯英语立法的学术、种族和民权组织的有用信息库，设在全国语言联合理事会的总部（华盛顿区）。其宗旨称："英语加 X"的概念认为，"当全社会的成员都能获得有效的机会，掌握英语外加一种或多种其他语言，国家利益才能得到最佳照顾"（中科院民族研究所课题组，2003：26）。已有 40 多个公民组织、宗教组织和专业组织通过了决议，反对唯英语运动，支持"英语加 X"运动，包括"英语教师全国理事会"（The National Council of Teachers of English）、"全国教育联合会"（The National Association for Bilingual Education）、"现代语言协会"（The Modern Language Association）及"向讲其他语言的学生教英语"组织。1989 年新墨西哥州成为第一个批准"英语加 X"政策的州。华盛顿和俄勒冈也通过了"英语加 X"的决议案。1992 年罗德岛批准了"英语加 X"的政策，鼓励人们学习外语。

（三）反双语教育活动与立法

20 世纪的反双语教育可以分成两个阶段：第一阶段是 20 世纪初的美国化运动；第二阶段是 90 年代《227 提案》、《203 提案》的通过和 2002 年《不让一个孩子落后法》即《英语习得法》的签署，最终废除了《双语教育法》。

20 世纪初的美国化运动是一场旨在加快新移民和原住民融入美国主流社会的社会运动。活动内容之一就是呼吁进行强制性的唯英语教育，反对讲授英语以外的其他语言。目的是让非英语的少数民族放弃自己的母语和母文化，完全融入到美国的主流语言和主流文化。美国的主流语言指的就是英语。美国主流文化，按照"熔炉"理论的说法就是盎格鲁—撒克逊文化。美国化运动实际上是通过反双语教育的唯英语教育来奠定美国主流文化的地位。

这一时期，除了美国民众强烈要求唯英语教育外，美国政府高层人士的态度也是如此。美国前总统西奥多·罗斯福在一个公开演讲的场合说："在美国我们只允许一种语言的存在，那就是英语，因为我们希望移民经过美国这个大坩埚的熔炼成为美国人——美利坚民族的一员，而不是一群语言混杂的房客"（http://www.nabe.org/press/Clips/clip060005.htm.）。一些州政府也开始排斥其他少数民族语言，到 20 世纪 20 年代，立法规定以英语为基本教学语言的州已达到 34 个（Crawford, 1989: 30）。这种唯英语教育的状况一直持续到第二次世界大战。

20 世纪末至 21 世纪初反双语教育最具代表性的行为是《227 提案》、《203 提案》的通过和《不让一个孩子落后法》的签署。这都是反双语教育活动与立法的标志性事件。

1996 年春，发生了第九街小学（Ninth Street Elementary）事件。加利福尼亚州洛杉矶第九街小学的 60 多名西裔移民子女的家长集体抗议学校未能教会他们孩子英语。这次抗议活动由反双语教育分子蓄意操纵，矛头指向双语教育。硅谷巨富朗·昂兹利用第九街小学事件，开始了他"温和"的反双语教育活动。说他"温和"地反双语教育，因为他以"关心移民子女教育"和"为了那些需要学习英语的孩子们"为幌子，声称："家长们为他们的孩子得到英语教育而不得不拿起抗议的招牌，这是不该发生的事情"（蔡永良，2007：263），而实际上进行着反双语教育的唯英语运动。昂兹在加利福尼亚发动全民请愿活动，要求"所有的孩子通过英语教学接受英语"（be taught English by being taught in English）（同上）。该请愿书就是著名的《227 提案》，有如下内容：

> 鉴于英语是美利坚合众国和加利福尼亚州的公用语言，加利福尼亚州的大多数居民都说英语，又是世界科技和商贸的主导语言和促进经济发展的语言；
>
> 鉴于移民家长迫切希望子女获得良好的英语知识和能力，从而使他们完全参与实现社会进步和经济繁荣的美国梦；
>
> 鉴于加利福尼亚州政府以及所管辖的公立学校有道德义务和宪法责任为所有各民族的儿童提供教育，使他们获得必需的英语知识和能力，成为美国社会有用人才；
>
> 鉴于加利福尼亚州公立学校 20 年来移民子女教育不力，（双语）教育实验已告失败，移民子女英语水平低劣，辍学率居高不下；
>
> 鉴于移民子女如果在年幼时就能通过学校教育广泛接触英语就能很快掌握语言知识和能力；
>
> 本提案决议：所有在加利福尼亚州公立学校就读的学生必须接受最迅速有效的英语教育（蔡永良，2007：266）。

从以上条款可明显看出昂兹"为了那些需要学习英语的孩子们"幌子之下的用心，就是反对双语教育，推崇唯英语教育。而这种别有用心的提案却蒙蔽了加利福尼亚人民，包括众多的西裔美国人，并于 1998 年 6 月 2 日，在加州政府议会上以压倒多数的优势获得通过。提案的通过从理论和法律上宣布了加利福尼亚州内双语教育违法。

加州《227 提案》的通过给了昂兹以极大信心，紧接着他在亚利桑那州炮制了《203 提案》，并于 2000 年 11 月 7 日在亚利桑那州议会上获得通过。不过，《203 提案》的通过并不像《227 提案》那样顺利，而是遭到了少数民族的强烈反对，但由于种种原因，最终未能反对成功。从条目上看，《203 提案》反双语教育的态度比《227 提案》更直白，规定也更严格：

(1) 禁止用英语以外任何语言进行阅读、写作或专业教学；禁止使用英语以外任何语言编写的书籍和教材进行教学；

(2) 严格控制"唯英语教育政策"的豁免权，10 周岁以下由于生理和心理障碍符合特殊教育条件的学生要经相关部门严格审批后方能继续留在双语教育项目，学校只有对那些10 周岁以上的生理和心理残疾学生的申请才有自主处理的权利；

(3) 允许学校无条件不加解释地拒绝学生家长唯英语教育的豁免申请，并不负任何法律责任；

(4) 要求学生一旦获得了英语实用知识和能力以后，立即转到正常班级接受教育；

(5) 规定所有亚利桑那州学生，不管英语水平如何，一律参加英语成绩测试 (The English Language Achievement Test)，以此作为衡量所有学生的标准；

……（蔡永良，2007：273-274）

《203 提案》的通过，意味着双语教育在亚利桑那州也属于违法。

除了加州和亚利桑那州之外，科罗拉多、马萨诸塞、新墨西哥等州也掀起了反双语教育的思潮。他们纷纷效仿第九街小学事件，诉讼双语教育项目实施部门，希望法律判决双语教育违法。虽然诉讼未成功，但也对双语教育造成了巨大冲击。

2001 年美国国会两院通过《不让一个孩子落后法》，也称《英语习得法》，该法的目的还是提高英语熟练程度有限人群的英语能力。但与其他双语教育法案不同的是，该法规定，所有的学生，不管是本土还是移民、英语熟练还是熟练程度有限、不管学习好还是坏，一律参加同一标准的考试，并把考试结果作为考核学校教育水平的依据。现将有关法案内容摘抄如下：

> 根据《不让一个孩子落后法》，每一位孩子必须参加语文和数学的统一测试，包括那些正在学习英语的孩子。所有学习英语的学生每年都必须测试英语学习的情况，以便让他们的家长了解他们的进步情况。美国各州政府和各学校将为他们的测试结果承担责任……
>
> 根据《不让一个孩子落后法》，各州政府享有采用任何最佳教学方法的自由。
>
> (1) 新的法律没有规定英语及其他科目教学的具体方法。
>
> (2) 各州政府和地方教育机构必须建立英语水平标准，根据英语习得的科学研究，提供高质量的语言教育，以及提供高质量的语文与数学教育。
>
> (3) 各州政府和地方教育机构必须给学习英语的学生配备十分称职的教师。
>
> (4) 学习英语、并能够流利地运用英语，同时学习语文和数学等科目的学生必须参加这些科目的测试，一直不让他们落后于其他同学。(蔡永良，2007：279)

从法案内容看，首先，统一的测试标准和英语语言水平显然强化了英语的地位。其次，法案规定学校要为学生的测试结果负责，其结果就是，学校将疲于英语应试教育以提高考试成绩，而放弃具有照顾性质的双语教育项目。这种以考试为指挥棒的语言政策，形成了统一的测试标准、统一的学业考试和统一的教学过程，从而更有力地强化了英语语言的统一，抹煞了教育的多样性。这种以考试成绩论英雄的做法给孩子、学校造成了巨大的压力，但却成为唯英语教育的巨大推动力。

从法案目的看，提高移民英语水平是唯一的目标，与其他双语教育法案不同的是，该法并未出现"双语"一词，而代之以"英语语言习得"，并且将"双语教育和少数民族语言事务办公室"(the Office of Bilingual Education and Minority Languages Affairs) 及"双语教育办公室"(the Office of Bilingual Education) 更名为"语言习得、语言提高及英语熟练有限学生学习成就办公室"(the Office of English Language Acquisition, Language Enhancement, and Academic Achievement for Limited-English-Proficient Students)。"国家双语教育情报交流处"(the National Clearinghouse for Bilingual Education) 更名为"语言习得和语言指导教育项目情报处"(the National Clearinghouse for English Language Acquisition and Language Instruction Educational Programs)。至此，《双语教育法》宣告终结，唯英语教育迅速占据所有优先位置，母语教育再一次遭到空前排斥。

20 世纪以来，美国出现了双语教育和唯英语教育两种不同的语言政策以及英语官方化运动。究其原因，主要是多语种存在的事实、60 年代民权运动的冲击、多元文化思潮的挑战、英语中心主义以及盎格鲁—撒克逊文化趋同理念所致（刘艳芬，周玉忠，2007）。

美国双语教育的实施对象主要是移民中英语能力有限的学生，这些学生由于语言上的障碍而导致辍学，成为文盲。因而美国教育界采取双语教育的政策，希望给这些学生以帮助。然而对于双语教育，却有很多不同意见，有的教育专家认为双语教育的目的在于解决英语能力有限的学生的语言缺陷和由此产生的教育问题；有的认为，双语教育应考虑到把少数民族语言作为资源加以保护和发展；而政治家们则认为其目的就是通过双语教育使少数民族学生从他们的母语过渡到英语。所以双语教育实际上是一种过渡性教育政策，是一个"语言转换"政策，一种盎格鲁化的政策：即非英语移民先用英语作为第二语言，然后变做第一语言，最后变做唯一的语言。正如《双语教育法案》的主要提议者拉尔夫所说："把成千上万的学龄儿童带入美国的主流生活，让他们能够读书写字，用他们现在生活所在国家的语言，也就是英语读书写字"（Crawford, 1998）。其真实意图最终是为了使少数民族学生成功地过渡到主流语言——英语，以便他们尽快地融入到主流社会和主流文化，而并非为了培养掌握两种语言和双元文化的人才。所以，20世纪美国的双语教育政策，其根本目的是为保护英语的中心地位和加强美国单元文化服务的。

到19世纪末，凭借着盎格鲁——撒克逊文明在美国牢固的主流文化的地位，英语成了无需法律规定的官方语言。进入20世纪以后，美国由于两次世界大战一跃成为世界头号超级大国，充当世界政治、经济、军事、外交，乃至科学技术的霸主。英语更是籍此优势成了第一号国际通用语，因而"语言一致性"理念，即英语中心主义早已根植于美国人心中。然而，20世纪以来，大量移民的不断涌入，多元文化理念的盛行，使英语的霸主地位遭到威胁，为了加固其地位免受其他语言的冲击，便提出限制使用其他语言的立法，希望从法律上将英语定为美国的官方语言。这就掀起了唯英语运动。唯英语运动主要分两个时期：前一时期为英语官方化运动，后一时期为反双语教育。但不管是前期的确立英语为美国官方语言的英语官方化运动，还是后期的反双语的唯英语教育政策，它们的目的都是相同的：那就是极力维护英语的中心地位，进而达到盎格鲁——撒克逊单元文化一统美国的目的。

然而美国也看到随着非英语移民人数的不断增加，多语种的存在已是不可辩驳的事实，再加上国际间语言文化交流的日益频繁，不同的语言文化也都展现出各自独特的魅力特点，因而都是人类宝贵的财富，应加以保护和发展，美国也意识到只有多种语言文化的共存才更有利于自身语言文化的发展，所以必须承认美国实行的双语教育政策，不管其出发点怎样，也在某种程度上保护和发展了各少数民族语言，尤其是保护和挽救了日渐消亡的印第安语言。对此，我们应当客观地去认识。

参考文献

Crawford, James. *Bilingual Education: History, Politics, Theory, and Practice.* Trenton, NJ: Crane Publishing Co. 1989.

Crawford, James. Bilingual Education: Language, Learning, and Politics. *Education Week*, April, 1987.

Crawford, James. Language Politics in the USA: The Paradox of Bilingual Education [OL]." 1998.
<http://ourworld.compuserver.com/homepages/jwcrawford/>

Headden, S. One Nation, One Language? *U.S. News & World Report*, Sept. 25, 1995.

Holm, W. A Very Preliminary Analysis of Navajo Kindergartners' Language Abilities. Window Rock, AZ: Navajo Division of Education, Office of Din'é Culture, Language and Community Services. 1993.
<http://www.nabe.org/press/Clips/clip060005.htm.>

Lamin, Richard D. Bilingual Education—Colorado Alliance for Immigration Reform [OL].
<http://www.Cairco.org/language/language.html.>

Title VII—Bilingual Education Programs, in Public Law 95-561-NOV. 1, 1978, p.2268-2269, September 21, 2005. <http://web.lexis-nexis.com/universe/attachment/a.pdf?>

Title VII—Bilingual Education Programs, in Public Law 98-511-OCT. 19, 1984, p.2272, September 21, 2005.
<http://web.lexis-nexis.com/universe/attachment/a.pdf?>

蔡永良，"二十世纪末的美国唯英语运动"，《读书》，2002(1)。

蔡永良，《美国的语言教育与语言政策》，上海：上海三联书店，2007。

刘萍，"浅谈美国的双语教育"，《学科教育》，2002(2)。

刘艳芬，周玉忠，"美国 20 世纪语言政策述评"，《山东外语教学》，2007(5)。

钱皓，《美国西裔移民研究——古巴、墨西哥移民历程及双重认同》，北京：中国社会科学出版社，2002。

吴剑丽，"美国的语言文化倾向与双语教育政策"，《湖南师范大学教育科学学报》，2004(5)。

吴剑丽，袁锐锷，"试析美国双语教育政策的演变"，《比较教育研究》，2003(6)。

中国社科院民族研究所课题组，《国家、民族与语言——语言政策国别研究》，北京：语文出版社，2003。

周玉忠，"美国的语言政策及双语教学简述"，《语言与翻译》，2002(4)。

周玉忠，王辉，《语言规划与语言政策：理论与国别研究》，北京：中国社会科学出版社，2004。

第五章　美国的移民语言与双语教育

一、美国的移民语言

美国是一个典型的由移民及其后裔所组成的国家。美利坚民族的历史，就是一部大规模移民的历史。美国著名作家霍华德·法斯特在他的著作《第二代》中以法国人民的口吻说："美国人真怪，他们尽是外国人。"几个世纪以来，浩浩荡荡的移民大军跨洲越洋来到美国。纵观世界移民史，还没有一个国家的移民现象，像美国这样，规模如此之大，时间如此之久，成分如此之庞杂。据统计，在1981年的22,985万人口中，印第安人只有85万，其余占总人口99.6%的都是外来移民及其后裔。如今的美利坚民族是大约由125个民族（ethnic groups）组成的混合体，主要由外来民族构成，被称为"民族之国"。美国诗圣沃尔特·惠特曼为此也写下了美丽诗句："美利坚合众国是一首最丰富的诗歌，它不仅是一个民族，而且是由许多民族组成的民族。"此外，小说家赫尔曼·梅尔维尔惊叹道："美国人血管里的每滴血，都混合着全世界各民族的血液。"由此可见，可以说没有移民，就没有美国，更没有今天这个高度现代化的资本主义强国。

在美国历史上，移民对美国的政治、经济、文化和社会生活等各个领域都产生着巨大的影响并发挥着作用。哥伦布发现新大陆之后，欧洲人便踏上了美洲这片土地。1607 年英国人在弗吉尼亚的詹姆士河口建立第一个殖民地——詹姆士城，从此有组织、永久性的移民活动随之开始。在 17 至 18 世纪时抵美的主要是英国人、荷兰人、德国人、法国人、西班牙人、爱尔兰人和瑞典人等。其中英国人是最大的民族群体，占殖民地总人口的 90%。然而为了加快殖民地的开发，他们不遗余力地吸引外来移民，大批荷兰人、瑞典人、威尔士人、德意志人和法国胡格诺教徒随之接踵而至。18 世纪初，苏格兰—爱尔兰人成为新来移民的最大群体（邓蜀生，1990：8）。在英国殖民时期（1607—1776），13 个殖民地总共接纳了 100 多万来自西欧和北欧的移民。不仅如此，为了开发茫茫荒原扩张地盘，英国政府需要大量的劳动力，他们使用颁发"特许状"等各种手段来鼓励和吸引外来移民，甚至接纳还在服刑的罪犯和负债者。美国独立后，输往美国的外来移民继续大量增加。根据 1790 年美国第一次人口普查统计：全国共有 390 万人口，其中白人约 320 万，占总人口的 80% 以上。白人当中，英格兰人占 60%，苏格兰人、爱尔兰人占 17%，德国人占 8.6%，荷兰人占 3.1%，法国人占 2.1%，西班牙人占 0.8%，瑞典人占 0.7%。19 世纪末到 20 世纪初，新移民人数大量增加，出现了美国有史以来最大的移民潮（邓蜀生，1990：135）。据统计，从 1880 年到 1920 年的 40 年期间，来到美国的移民达 2300 万多人，其中大部分来自东欧、南欧和亚洲各地。1965 年，美国颁布"移民法案"，加之美国 20 世纪 60 年代政治强大、经济发达，大量移民纷纷来到美国，其中有墨西哥人、意大利人、菲律宾人、加拿大人、希腊人、古巴人和韩国人等。20 世纪 70 年代，来自亚洲和太平洋地区的移民开始逐渐增加，在 1980 年到 1988 年期间，美国亚裔人口从 380 万增至 650 万，其中 80% 来自中国、越南、柬埔寨、老挝、日本、韩国和密克罗尼西亚群岛（Joel, 2006: 104）。

表一：1993 年外国出生的美国移民数目及比例情况表

原国家	数目	比例
墨西哥	701 万	27.2%
菲律宾	113 万	4.4%
中国	110 万	4%
古巴	91 万	3.5%
越南	77 万	3%
印度	74 万	2.9%
萨尔瓦多	61 万	2.4%
英国	60.6 万	2.4%
韩国	59 万	2.3%

（李勤岸，2002）

　　由于最早的移民以英吉利人为最多，且手控大权，所以在殖民时期，美国的语言具有一致性，人们通用的语言是英语。英吉利族裔的殖民者，一直努力推行同化事业，在其他移民社区开办"慈善学校"和"教会学校"，不仅教英文读写知识，还传授英吉利人的生活习惯和政治文化。

　　然而，早期移民中还有另外一些移民来自苏格兰、爱尔兰、法国、德国、荷兰、西班牙和瑞典。新移民来到美国后，对新环境感觉陌生，因而在宗教、语言、文化、传统生活方式上都保持着浓厚的民族特色，并且保留自己原有语言、思想、文化，从一开始就在很大程度与范围内，创造了具有自己民族群体特色的文化生活。研究表明：在美国早期，各民族群体和语言文化仍然保持着发展势头，而且各欧裔移民群体在相当大的程度上自行其是。荷兰移民在纽约市和哈得孙河上游与新泽西的特拉华河一带保持自己民族的独特语言文化。学校教授荷兰语和加尔文教义。1776 年，荷兰人建立"女王学院"，培养在美洲工作的荷兰教牧师。由于荷兰人生活的地域集中，又十分强调母语，所以荷兰文化在中部殖民地具有很强的势力。德国移民群体也是如此。德国的路德派和改革派教会，遍布在德国移民社区，他们创办教区学校，用旧世界的母语、信仰教育他们的子孙。到 1910 年，美国外裔群体的 1,300 万外籍出身的移民中有 300 万人不会讲英语，占移民总数的 23%，仅曼哈顿一地就有一万人左右（蔡永良，2007：97）。一些移民妇女只会使用母国方言同沿街叫卖的小贩讨价还价。生活在曼哈顿的一部分西西里移民的后代根本不懂英语。另有资料显示，洛杉矶有五分之一的学童讲 104 种互不相同的移民母国的语言。

移民带来了语言，使美国语言呈现出多元化的态势。美国 1990 年的人口普查统计表明，美国操非英语母语的人口有 3,180 万（占全美 5 岁以上人口总数的 14%），全美国有 380 多种语言，其中土著语言有 120 种。在其他语种中，操西班牙语的人最多，约为 1,730 万，占操非英语母语者人口的一半以上。其次，使用较广的非英语语言有法语（170 万人）、德语（150 万人）、意大利语（130 万人）和汉语（120 万人）。作为语言群体，操亚太地区语言的人有 450 万，操美国土著语言的人约 332 万人。操非英语母语的人讲英语的能力也差异甚大。大约 56.1% 的人声称他们的英语讲得非常好，23% 的人声称他们的英语讲得不错，15.2% 的人说他们的英语讲不好，另有 5.8% 的人说他们根本不会讲英语（周玉忠，2004：169）。

美国非英语语言也存在地区差异性。在路易斯安那州、缅因州、新罕布什尔州和佛蒙特州，法语为非英语语言中使用最广的语言；在蒙大拿州、明尼苏达州和南、北达科他州，德语使用最广；在罗德岛，葡萄牙语名列第一；在阿拉斯加，一种称之为雅皮克（Yupik）的美国土著语言居主导地位；在夏威夷，日语是最普遍的语言。

各州操非英语语言的人数和比例也不尽相同。操非英语语言的人至少在 200 万以上的四个州是加利福尼亚州（860 万人）、纽约州（390 万人）、得克萨斯州（390 万人）和佛罗里达州（200 万人）。然而，新墨西哥州操非英语语言的人所占的比例最大，为 36%；其次为加州，占 32%。操非英语母语的人所占比例最小的地区有美国南部

（除路易斯安那州和佛罗里达州之外）、中部和山区州以及西北部（周玉忠，2004：169）。

随着美国经济和政治的发展，大批的移民不断地继续涌入这个国度。移民语言的多元化态势，以及美国非英语语言巨大的地区差异性，给美国的教育带来了相应的难度和问题。然而，对于操非英语语言的人来讲，全封闭式的英语语言教育无法满足他们接受基本教育的需求，适得其反，往往造成学生"学习动力不足、学习成绩低下、学生成批辍学"，成为美国教育界所谓的"英语熟练程度有限"（LEP）和"英语会话能力有限"（LESA）的学生群体，以在这方面尤为突出的加利福尼亚州为例，见下表：

表二：1997 年美国与加利福尼亚州移民与学生人口比率表

1997 年人口	美国	加利福尼亚州
总人口	2.676 亿	3,230 万
移民	2,580 万	800 万
移民比例	9.6%	25%
学生总数	2,650 万	560 万
LEP 学生	330 万	140 万
LEP 学生比例	12.5%	25%

（Fillmore, 2004: 351）

上表是美国人口普查局和加利福尼亚州教育部 1997 年的调查数据，从数据中看以看出，加州有 25% 的居民是外国移民，占到了总人口的三分之一。同时，加州"英语熟练程度有限"学生数量比率较大，大约每四名学生中就有一名学生的英语水平差，近 140 万学生不会讲英语。加利福尼亚州"英语熟练程度有限"学生的数量占美国"英语熟练程度有限"学生总数的 43%，远远超过得克萨斯州、伊利诺伊州、纽约州和佛罗里达州四个州"英语熟练程度有限"学生数量的总和。洛杉矶联合学区有 50% 的学生是"英语熟练程度有限"学生，其中97%的学生讲西班牙语。加利福尼亚州有80%的"英语熟练程度有限"学生操西班牙语，其他"英语熟练程度有限"学生操汉语、韩语、越南语、芒语、老挝语、塔加拉族语以及其他菲律宾语等(Fillmore, 351)。

"英语熟练程度有限"学生的数量如此之大，这必然会引起家长、社会和学校以及教育界的重视，见表三：

表三：2003年美国25岁以上原住民与国外出生居民受教育情况比率表

教育程度	美国原住民	国外出生居民
低于九年教育	4.1%	21.5%
九至十二年级	8.4%	11.3%
高中或技能学院	60.3%	40.0%
学士学位以上	27.2%	27.3%

(Joel, 2006: 109)

从表三可以看出：在美国，国外出生居民受教育的程度明显低于美国原住民。美国原住民中受低于九年教育的人仅占4.1%，而国外出生居民中此类人却占到了21.5%；60.3%的美国原住民接受过高中以上教育，相比之下，只有40%的国外出生居民接受过高中教育。英语语言作为教学语言给许多操非英语语言的学生带来极大的不便，很难使其接受到良好的教育，从而成为美国主流社会接纳的合格公民。

二、美国的双语教育

20世纪60年代，随着民权运动的蓬勃开展，人们逐渐关注弱势群体的教育需求。美国政府也不得不开始重视非英语移民孩子的教育问题。为了帮助这些孩子学习英语，使他们受到良好的教育，找到理想的工作，双语教育在一些州开始施行。1959年很多古巴人前往美国，他们中间大多数都是古巴的上层阶级或专业人士。在佛罗里达州达德县的一些学校中，操西班牙语的古巴学生数量远远超过了操英语的学生，纯英语的课堂无疑使他们难以接受，学校为了适应这一形式，出台了西班牙语和英语的双语教学项目。这些学生半天上英语课，半天接受西班牙语授课，实行双语教育，成为其他州学习的榜样，得到了美国教育者和研究者的高度认可。1964 年，得克萨斯州南部的两个学区在小学也逐步开展历时五年的双语教育。

1. 1968 年颁布《双语教育法》

1968 年 1 月 2 日，美国总统约翰逊签署《双语教育法》(The 1968 Bilingual Education Act)。为了解决美国南部将近 350 万西班牙裔移民在美国接受教育的问题，得克萨斯州参议员拉尔夫·亚波罗夫于 1965 年提出《中小学教育法》。《双语教育法》则是这一法案的修正案。《双语教育法》旨在通过联邦法律保障贫穷且英语基础差的孩子能够享受足够的教育资源，改变其学习落后或辍学的情况。法案颁布后，政府首拨 750 万美元资助双语教学。许多移民的子女在很大程度上受益于双语教学，双语教育也随之在一些州广泛开展。在 20 世纪 70 年代初期，大量的移民和难民从亚洲、东南亚和墨西哥来到了美国的旧金山和加利福尼亚，学区的教学严重受移民的影响，旧金山联合学区申请到了双语教学的资金，开始实施粤语、西班牙语和塔加拉族语的双语教学项目。因此，《双语教育法》为满足少数族裔及小语种学龄儿童的需要起到了重要作用，开启了法定双语教育的历史。

2. 1974 年"劳诉尼科尔斯案"

1974 年，加利福尼亚州中国侨民 Lau 因其子女为 LEP 学生，无法听懂英语课程，向法院提出诉讼，指控旧金山联合学校董事会违背了美国 1964 年颁布的《民权法案》中第七条，没有为其子女提供平等的教育权利。加利福尼亚地方法院驳回其诉讼，认为旧金山联合学校没有剥夺其子女的平等教育权利。但是联邦最高法院受理此案，撤销了加利福尼亚的裁决，指出：学校尽管提供同样的设施、教材、教师和教学大纲，但由于学生不懂英语，无法适应教学环境，没构成平等教育。"劳案"的胜诉推动了《双语教育法》的修改。同年 5 月 24 日，美国健康教育福利部（The Department of Health, Education and Welfare, HEW）颁发了一份关于 LEP 学生教育的备忘录，要求各学校学区为 LEP 学生提供英语作为第二语言的教学（English as a Second Language），采用学生的母语为教学语言，尽快提高学生的英语水平。

"劳诉尼科尔斯案"的最终裁决不仅为旧金山的华裔学生也为全美国的 LEP 学生争取到了学习的机会。美国民权法案办公室立即召集人员开始探索一套方法为非英语学生或 LEP 学生提供更好的教育环境，双语教育被认为是最有效的办法。因此，"劳案"对少数民族受教育权利的保护开了先例，进一步巩固了双语教育在整个教育体系中的地位，是美国双语教学历史上的里程碑。此外，"劳案"为 1974 年 8 月的"平等教育机会法"的诞生打开了通道。

3. 1974 年—1994 年《双语教育法》的重审和修改

从 1974 年到 1994 年，美国对《双语教育法》进行了五次修改。1974 年第一次修订了《双语教育法》，该法案把双语教育项目定义为"提供英语和本族语言教学的项目以便使学生在教育系统中有效且不断地进步"。20 世纪 70 年代（1974—1978）期间，联邦政府增加拨款经费、扩大双语教育项目范围，同时强化过渡性双语教育的理念，即学生的母语只能在其有效过渡到正常班（用英语进行教育的班级）学习之前使用。

在 20 世纪 80 年代和 90 年代早期，双语教育受到了美国公众和联邦政府的质疑。国会在 1984 年进行了公开听证会，对《双语教育法》进行修改，内容如下：

（1）过渡性的双语教育项目：用英语和另一种语言进行教育，教学班内必须有 40% 以上的非 LEP/LESA 的学生（达到迅速过渡到用英语正常教学的目的）；

（2）发展性的双语教育项目：用英语和另一种语言进行教育，达到掌握英语和一种第二语言的目的；

（3）特殊选择性教育计划：不用 LEP/LESA 的母语，只用英语，加上语言学习辅助手段，达到精通英语的目的。

从经费的分配来看，总经费的 60% 用于过渡性双语教育项目；剩余经费的 75% 用于发展性双语教育项目，10% 用于不用母语的特殊语言教育项目。里根政府在 1988 年对此项政策进行了迅速调整：75% 的经费拨给过渡性双语教育，25% 的经费拨给不用母语的"特殊选择性教育计划"（蔡永良，2007：214）。1984 年和 1988 年《双语教育法》的修改强化了英语至高无上的地位，成为 20 世纪至 21 世纪之交出现的唯英语运动和反双语教育的开端。

4. 1998 年《227 提案》

随着双语教育的广泛开展，在美国也掀起了巨大的反双语、反移民、反对多样化的浪潮。加利福尼亚州移民的多样性决定了其双语教育的普及程度，然而反双语运动也从加州开始。1986 年，加利福尼亚州以 73% 的投票优势通过了《63 提案》，确定"英语为加利福尼亚州唯一的官方语言，并且在公文和官方会议中禁止使用英语以外的其他语言。"1994 年，加利福尼亚州通过了《187 提案》，即"废除对无注册移民的健康、医疗、社会和教育的一切服务"。接着，威尔森政府又通过了《209 提案》，"停止一切妇女和少数民族在教育和工作方面的优惠政策"。

为了与威尔森争夺竞选选票，1996 年，硅谷巨富朗·昂兹以"关心移民子女教育"的身份开始了废除《双语教育法》的事业。昂兹筹集基金，在加利福尼亚州发动了全民请愿活动，要求"所有的孩子通过英语教学学习英语，尤其是所有的孩子必须在英语课堂学习知识，若学生不会英语，可以通过英语沉浸课堂过渡学习，但期限不得超过一年"，主张"废除为 LEP 学生提供的双语教育"，并规定"若学校教师、行政人员或校董事会成员有违反《227 提案》者，将会受到法律的起诉（Fillmore, 2004: 354），这就是著名的《227 提案》。在昂兹的鼓动下，1998 年 6 月 2 日，美国加州议会以 60.9% 的赞成票和 39.1% 的反对票通过了取消双语教育的法案——《公立学校英语语言法案》（English Language in Public School），宣布放弃双语教育，全部使用英语教育。提案的通过从理论和法律上宣布了加利福尼亚州内双语教育违法，成为废除《双语教育法》运动的开端。亚利桑那州和马萨诸塞州在昂兹的资助下分别于 2000 年和 2002 年以 63% 的赞成票和 68% 的赞成票废除了《双语教育法》。

5. 2002 年的《不让一个孩子落后法》

2002 年 1 月 8 日，布什政府颁布了《不让一个孩子落后法》，即《英语习得法》，取代了实行 34 年的双语教育法，并获得了两党的支持。与此相应，"语言习得、语言提高及英语熟练有限学生学习成就办公室"取代了原来的"双语教育和少数民族语言事务办公室"。根据法律规定，美国各州都必须制定责任制和提高教育质量的计划，到2013—2014 年所有学生能够在英语、数学、科学等学科达到"熟练"（proficient）的水平。计划规定分段实施的时间结点，确定可以衡量的具体目标，即"年进步率"（the adequate yearly progress）。每年进行一次统一测试，规定 3—8 年级所有学生参加考试，缺考率不得高于 5%，此外，学英语的学生每年还进行一次英语水平测试。至此，20 年来代表美国主流文化的唯英语运动以及反双语教育赢得了彻底的胜利，美国双语教育的大厦土崩瓦解了。

三、美国双语教育的类型

根据少数民族学生教学项目的多样性、教师非英语语言的使用量、学生接受母语教学时间的长短、以及学生的英语达到熟练程度后是否保留母语等因素，美国的双语教育分为以下几种类型：

1. 沉浸型（Submersion or "Sink or Swim"）

教师不用学生的母语进行教学，LEP 学生完全沉浸在以英语为主的教学课堂中，无法得到特殊帮助。尽管此类型教学违反了《民权法案》，但的确在美国开始了一场不同寻常的教学实践活动。据估计，加利福尼亚州在 1997 年有 20%—25% 的 LEP 学生接受此类型教育方法。克劳福德（Crawford）的统计数据表明，1994 年—1995 年美国有 23% 的美国学生接受此类型教育方法。

2. 英语作为第二语言（ELS, English as a Second Language）

ESL 可分为三种类型：英语为第二语言遴选型、英语为第二语言内容型、结构性英语沉浸型（ESL pull out, ESL content, structured English immersion）。

英语为第二语言遴选型：此类型教学要求 LEP 学生在英语课堂学习其他课程，但是会专门安排一部分时间由经过专门训练的教师对其进行英语语言教学。这类项目主要是为学生提供暂时的、短期的帮助，使其尽快融入主流课堂。克劳福德指出，这类模式为许多学区提供了充分的选择。学者托马斯·杰斐逊（Thomas Jefferson）和约翰·康利（John Collier）的研究表明，美国有 52% 的学生接受的是此类型双语教学。

ESL 为第二语言内容型：教学由获得 ESL 资格的教师担任，课堂采用英语教学，课程设置必须便于英语学习者理解，通过教学内容的学习使学生掌握英语语言。

结构性英语沉浸型：与 ESL 内容型一样，课堂采用英语教学，在教学过程中通过使用专门教材帮助学生学习英语，但区别在于："结构性英语沉浸型"中授课教师必须熟练精通学生的母语，注重启发学生的灵感。

3. 过渡性双语教育（Transitional Bilingual Education, TBE）

过渡性双语教学分为两种：早过渡性双语教育和晚过渡性双语教育。美国国会通过了在八年期间投入四五百万美元的经费计划来进行该项目的纵向研究，主要以英语语言技能习得作为指导性目标，以便使操少数语言的学生能够成功地进入主流英语课堂。

早过渡性双语教育：同时采用英语以及学生的母语进行教学，待学生的英语水平提高后，相对减少学生母语的使用比例。政府规定学生母语使用的年限为三年，即在三年后学生必须进入主流英语课堂。学生的母语起到的只是暂时的支持作用，所以早过渡性双语教育被称之为削减性双语教育而不是递增性双语教育。然而无论怎样，目的都是为了使学生早日进入以英语为主的教育体系。

晚过渡性双语教育：学生到六年级逐渐过渡到主流英语课堂。

瑞麦兹（J. D. Ramirez）1990 年从纽约、新泽西、加利福尼亚、佛罗里达、得克萨斯等地 554 所幼儿园和小学一至六年级学生中抽选出 2,300 名西班牙语学生进行客观研究。研究发现：早过渡性双语教育的学生使用 2/3 英语和 1/3 西班牙语；晚过渡性双语教育的学生在一年级用 3/4 西班牙语，二年级用 1/2 西班牙语。到三年级结束时，数学、语言与英语阅读技能没有什么特别之处，到六年级时，晚过渡性双语教育的学生在数学、英语与英语阅读方面的成绩高于早过渡性双语的学生（吴剑丽，2004）。

4. 保持型或发展型双语教育（Maintenance or Development Bilingual Education）

学生在学习掌握英语的同时，保持且提高其母语水平，发展学生的双语技能。例如：操西班牙语的学生在入学时不懂英语，在学校期间，他们不但要学习英语，还要掌握西班牙语读和写的技能。同样，操英语的学生入学时也要加强英语的读写技能的培养。其特点是：学生的母语和英语教学占同样的比重，教师都是双语教师，支持学生的母语及其文化。然而，接受发展型双语教育和晚过渡性双语教育的"英语熟练程度有限"学生很少，托马斯和克里尔的研究数据显示，美国只有 7% 的学生参加发展型双语教育。

5. 双向型双语教育（Dual Language or Two-Way Bilingual Education）

操两种语言的学生在同一个班级里互相学习彼此的语言，并用两种语言完成作业。例如，在同一班级中，操英语的学生学会了西班牙语，同样，操西班牙语的学生也学会了英语。林德赫姆（Lindholm）把此计划分为两种：9：1 型和 5：5 型。在 9：1 型中，学生在幼儿园和小学一年级期间 90% 用少数民族语言教学，10% 用英语教学，到了五、六年级时，母语比例减少，采用双语教学；在 5：5 型中，学生在幼儿园和小学一年级时采用少数民族语言和英语教学的比例是

5：5，其教师双语技能要求严格，旨在提高学生的双语语言及双语文化的水平，鼓励家长参与教学（Ferguson, 2006: 47）。双向型双语教育项目首先是在佛罗里达州达德县名叫卡罗尔韦（Coral Way）的小学带头实施的；其次，1971 年，位于哈佛大学附近的奥利斯特（Oyster）小学也启动了双向型双语教育。由于双向型教育取得了良好的教学效果，到 20 世纪 90 年代，它被广泛推广（Crawford, 1987）。

四、美国双语教学及其有效性研究

双语教育在美国以失败而告终，但是美国教育界以及政界对于双语教育问题一直争论不休，而争论主要来自两大阵营：多元主义者和同化主义者。两大阵营的出发点一致，赞成美国是一个以英语为主流的国家，习得英语是少数名族学生获得平等就业机会的基本手段。另外，双方承认：LEP 学生，尤其是墨西哥裔学生在学校的学习成绩较差，占了较大的比例。然而，在如何通过最好的方式解决英语习得问题等方面双方意见不一。

多元主义者和同化主义者主要围绕外裔学生母语在教学过程中的作用问题，尤其是把外裔学生母语作为教学媒介的问题展开了争论。反对双语教育的人士认为，把学生的母语作为教学语言无疑阻碍实现习得英语的重要目标；然而支持双语教学的人士则通过大量数据和理论向人们展示采用母语教学对学生掌握基础知识、习得英语语言起着不可估量的重要作用，同时强调双语教学的潜在的认知优势。

最早针对双语教学评估项目进行研究是的是凯斯·贝克（Keith Baker）和德·肯特（De Kanter）。他们在联邦政府的资助下，开始针对过渡性双语教学（TBE）和唯英语项目中英语习得和用英语测试其他课程的成绩开始了比较研究，旨在为政策制定提供依据。贝克和德·肯特对 100 例数据进行了筛选，发现其中只有 28 例符合标准，因而对其进行了分析研究，最后得出结论：没有一致的证据可证明双语教学的有效性，依靠双语教学不合理。同时提出，在美国，少数民族学生生活在英语环境中，因此，同时教授英语语言和其他课程是可取的教学方法，主张确定英语为教学语言（Baker & De Kanter, 1981）。由此可见，他们支持的是沉浸型双语教学。

贝克和德·肯特的研究结果发表后不久，1985 年威利格（Willig）从这 28 例研究数据中抽出 23 例进行了又一轮的分析和研究，通过数据变位分析法重新审视双语教学，得出结论：在支持少数民族语言的项目中，双语项目比其他任何形式的教学项目都好，参与双语教学项目的学生在所有课程的测试中成绩较高。对学生用第二语言（即英语）进行测试时，接受双语教学的学生的阅读、语言技能、数学及所有其他成绩都显示出了优势；用学生的母语进行测试时，学生在这些学科上也取得了较好的成绩。

由于美国的双语教育项目的评估涉及到了政治因素，双方也由此展开了激烈的争论。支持双语教学者对贝克和德·肯特研究结果的范围、相关研究数据被排除等问题提出质疑，而双语教学的反对者则认为威利格研究的数量较少、数据变位分析过程过于机械。

在美国国会四百多万美元的资助下，瑞麦兹采用半实验性纵向设计（quasi-experimental longitudinal design）和三向比较（a three-way comparison）的方法对研究较少的晚过渡性双语教学项目进行了长达八年之久的研究（Ferguson, 2006: 51）。1990 年，瑞麦兹从纽约、新泽西、加利福尼亚、佛罗里达、得克萨斯等州 554 所幼儿园一至六年级的学生中抽选 2,300 名西班牙裔学生，审视了他们在沉浸型双语教学、早过渡性双语教学项目和晚过渡性双语教学项目中的学习效果，得出结论：第一，学生经过四年学习，参加沉浸型双语教学项目学生和参加早过渡性双语教学项目学生的英语水平、英语阅读和数学的成绩相当，但其语言和阅读能力明显优于不接受特殊教育的学生。然而，参加这两个项目的学生学习成绩依然低于国家标准。第二，参加晚过渡性双语教学项目三个地区的学生的水平不一：其中两个地区大量使用西班牙语，学生到六年级时的数学水平明显高于采用英语作为过渡语言的学生。第三，晚过渡性双语教学项目的学生的英语水平和阅读能力在三到六年级阶段不断地提高，而相比之下，早过渡性双语教学项目和沉浸型项目的学生的英语水平和阅读能力有所下降。另外，晚过渡性双语教学项目注重鼓励学生家长参与教学。瑞麦兹还提出，三类教学项目中采用的教学方法实际上为学生提供的是一个被动的学习环境，使学生语言能力和批判性思维的开发受到限制。此外，瑞麦兹还得出了两个结论：第一，与卡敏斯（Cummins）的语言相互依赖假设一致，使用学生的母语进行教学并不妨碍英语习得以及其他课程的学习。第二，结果表明，LEP 学生需要五年或更长的时间来发展英语语言的学习能力。

尽管瑞麦兹的研究数据可靠、推理合理，但是一些人士针对他的研究提出：瑞麦兹无法针对不同学区的不同项目进行比较研究。尤其是由于实行晚过渡性项目的学区与实行早过渡性项目以及沉浸型项目的学区不同，无法对其效果进行比较，因此也就无法证明晚过渡性双语教学项目的相对有效性。

罗斯尔（Rossell）和贝克（Baker）抽取 300 个双语研究项目，通过对过渡性双语教学与其他四类项目（沉浸型、ESL、结构性沉浸型和发展型双语教学）之间学生的英语语言、英语阅读和数学成绩的比较发现，其中仅有 72 个研究项目（25%）的研究方法是可以接受的，结果如下：

1. 通过水平测试，过渡性双语教学仅有 22% 的研究项目在阅读方面、7% 的研究项目在英语语言方面、9% 的研究项目在数学成绩方面高于沉浸型双语教学。

2. 通过对过渡性双语教学与结构性沉浸型项目的比较得出结论：过渡性双语教学在阅读、英语语言和数学成绩方面没有任何优势。

3. 通过对过渡性双语教学与保留性双语教学的比较发现：过渡性双语教学项目的学生在阅读技巧上具有优势。

罗斯尔等人得出结论：支持过渡性双语教育的研究者提供的证据不充分，因此主张效仿加拿大的做法，在美国实行唯英语的沉浸式教学。

从表面上看，罗斯尔等人的研究是对双语教育的否定，但经过仔细研究，也可发现其研究存在漏洞：

1.虽然针对项目进行了比较，但是对其研究数据的分析不够深入。

2.罗斯尔和贝克把加拿大沉浸型项目与美国的结构沉浸型项目相提并论，互为解释，然而事实上这两种教学方法的目的和学生群体差异性很大。

3.由于研究标准的不一致，将本应包含在同一标准下的研究结果剔除。

为了证明双语教育项目的有效性，J.奥勒（J. Oller）等人继续展开研究，他们于2000年在佛罗里达州的达德县对952名接受双语教学和英语沉浸式教学的学生进行了对比，结果发现：双语学生二年级的学习成绩明显高于接受英语沉浸式教学的学生，这一差距在五年级时则更为突出。

2002年，学者托马斯·杰斐逊和约翰·康利二人由联邦政府资助的研究项目进一步证实了瑞麦兹的研究，提出在休斯顿接受双语教学的学生成绩较好，"双向式"教学，即英语学生学习西班牙语、移民学生学习英语的方法能够提高学生的学习成绩。

总而言之，在过去的半个世纪里，不少研究证实：通过合理的设计和有效的实施，美国双语教学是教授习得第二语言的非常有效的方法。这些研究结果都证明了一个结论：双语教学的确有效。

1991年，美国教育部宣布了一项长期的研究结果，认为开发学生母语技能有助于提高学生用英语学习其他课程的成绩。另外还认为，参与双语教育项目学生的双语能力较强。

当然仅仅用两种语言教学来提高学生的成绩是不够的，如果教学本身质量差的话，用任何语言教都无济于事，关键在于如何使用这些语言工具，是用语言来翻译还是通过语言激发学生的认知能力和提高学习成绩？双语项目的目标是什么？教师是否接受过双语训练，是否满足英语学习者的需要？家长是否能够参与孩子的教育？双语项目是否可以得到地方校董事会和政府领导的支持？诸如此类的问题都值得我们考虑。

同时我们还要清楚地认识到，并非所有贴上"双语"标签的项目都一样。有些双语项目会使用少量母语，并且缺乏良好的双语师资队伍。另外一些项目没有具体规定学生双语课堂的时间以及过渡到英语课堂所需的具体时间。

总之，双语教学的有效性不能简单地从使用母语和英语来考虑，还有许多因素要综合考虑，不同的家庭、学校、社区、社会、父母以及教师都会对双语教学的有效性产生影响。孩子不能孤立于教师之外，同一个班级里各种各样的因素也都影响着双语教学的有效性，因此，我们在看待双语教学的有效性时应该在一个特定的历史条件下来综合考虑各种因素。

五、美国双语教育面临的挑战

自《227 提案》通过以后，反对双语教育的浪潮此起彼伏，教育界的许多人士针对双语教育的问题提出了七大挑战，对双语教育充满了敌意。菲尔默（Fillmore）指出，在加利福尼亚州，反对双语教育的人士主要把矛头指向了操西班牙语的移民，1994 年加利福尼亚州又相继通过了《187 提案》，彻底否定了对移民学生接受社会服务、健康服务和其他服务的权利。菲尔默针对反双语教育的这七大挑战做出了相应的回答。

挑战一：双语教育项目使得大量学生在学校使用母语，那么"英语熟练程度有限"的学生在没有英语的环境下如何学会英语？

回答：学习英语是 LEP 学生的重要目标，但不是他们的唯一的教育目标。与讲英语的学生一样，LEP 学生在学校的主要任务是学习所有课程的基本内容。如果学生只会英语，而不会用英语解决其他课程问题，他们的成绩会大幅落后于同年级讲英语的学生。研究还表明，学生学习新语言的最佳年龄是 5 至 7 岁（Fillmore, 2004: 346）。如果在这个时期没有运用学生能够理解的语言教授学生其他课程，他们会产生厌学情绪。"劳案"的发生充分地说明了这一点。

挑战二：双语教育项目从教育的角度上来讲是没有效率的，是基于"无可考证"的教育理论。与接受唯英语教学的学生相比，接受双语教学的 LEP 学生无法取得更好的成绩，甚至成绩更差。

回答：卡敏斯和克劳福德指出，认为双语教育没有效率的说法是不成立的，其数据也是基于一些具有争议的研究数据。在双语教育项目实施的早期，一方面，双语教师的水平有限，没有做好充分的准备担任双语教学任务。另一方面，双语教学材料缺乏，例如西班牙语、粤语和越南语的教材在早些时候并没有出版。卡敏斯、克里尔等人的研究也证明，在过去的十几年中，合格且接受过双语培训的教师通过实行规划合理的双语教育项目，LEP 学生可取得良好的成绩。

挑战三：双语教育所需的经费太高。LEP 学生接受双语教育的费用要远远高出唯英语教学项目。

回答：双语教育所需的费用只是在正常教育费用上增加了很少的一部分，要比英语作为第二语言遴选型（ESL pull-out）项目要少得多（在英语为第二语言遴选型课堂中，学生每周抽出一段时间分次接受 ESL 教学）。同时双语教育所需费用比补偿性教育（Compensatory）和特殊教育项目费用也要少得多，而且补偿性教育和特殊教育往往是造成 LEP 学生在没有特殊教育的情况下辍学的主要原因。帕里什（Parrish）于 1994 年在加利福尼亚州针对双语教育做了一项研究，结果显示：当时在 50 个州 46 个地区实行双语教育，每位学生的费用只是比正常教育费用增加了 60 美元，而补偿性教育和特殊教育的费用要分别高出 875 美元和 2,402 美元。

挑战四：双语教育项目只不过是为双语教师和双语研究者提供更多的工作机会（Fillmore, 2004: 347）。

回答：这样的说法是没有基础的、奇怪的、不合逻辑的。美国教育本身都是为了教师、学校行政人员和教育研究者提供工作机会吗？一个学生与教师的比例分析表反倒揭示了另一个问题：教师大部分都是由白人、中产阶级以及女性组成，而美国的学生却不是。美国大约有三分之一的学生是少数民族，而少数民族教师却只占美国教师总数的 13%（Schools, 1996）。尽管教师不一定非要与学生在文化、民族或语言背景上相匹配，但是却很难理解为什么要反对教师掌握一定的技能来培养那些有特殊需要的学生呢？LEP 学生在语言上需要特殊照顾，且美国有许多这样的学生需要具备一定技能的教师来教。目前，美国大约有 275 万学龄儿童是 LEP 学生，而只有 29% 的公立学校具有双语教师队伍（Fillmore, 2004: 347）。加利福尼亚州是美国 LEP 学生较为集中的地方，情况稍好一些，但还是缺乏大量的具备双语教学资格的教师。据加利福尼亚州教育厅估计，加州缺乏近 12,000 名合格的双语教师（Fillmore, 2004: 348）。美国国家教育统计中心的数据显示，截止 2008 年—2009 年，美国将需要 170 万到 270 万合格的双语教师（Fillmore, 2004: 348）。由于 LEP 学生的数量并不会在近十年下降，所以不应该阻碍具备双语教学技能教师队伍的壮大。

挑战五：某些学校学生的语言多达 50 余种，如何在这样的情况下实施双语教学方案？

回答：实际情况并非如此复杂，如果仔细看一下学校语言种类详单，不难看出：许多语言属于同一语种，比如菲律宾语、菲律宾国语与塔加拉族语等同属于一个语种，不过在学校的注册上用不同的术语罢了。同时，双语教育的目的不是满足学校每一个学生的语言需求，而是为了满足同一学校中大多数具有同一语言背景的学生。

挑战六：在过去，许多移民没有双语教学的要求，而现在为什么非要为他们提供语言帮助呢？移民最初到美国的时候接受了学习英语的任务，而且学得也很好。

回答：过去的确没有向美国的移民提供过语言服务，造成许多早期移民儿童辍学。20 世纪 40 年代到 50 年代，许多人高中没有毕业就辍学了，然而他们还是可以获得经济收入，主要是因为在当时的经济环境下，不懂英语或没有接受过正规教育的人都可以谋到一份工作。但是，如今的美国移民面临的问题和以往有很大不同，美国的经济发展迅速，没有接受过高等教育就无法在社会获得一份新的职位。随着社会福利问题日趋严峻，希望每一位肢体健全的人，尤其是移民，都可以通过劳动自力更生。人们希望移民们能够自力更生、自给自足，但是如果没有给他们提供特殊帮助，他们将怎么办？应该公平、公正地对待每一个美国人。

挑战七：双语教育项目允许移民反对同化，可拒绝讲英语，但是他们既想留在美国，又不愿意融入这个社会，既想成为美国人，又不愿意放弃自己应该放弃的，那么美国社会为何还要提倡他们保留移民语言和文化，为他们买单呢？

回答：不可否认，一些移民不愿意学习英语，也不愿意融入美国社会。然而大多数移民，不管他们来自什么地方或在什么样的情况下来到了美国，都渴望学习英语，以期得到美国社会的认同，成为美国社会的一员，这在年轻人中表现尤为突出。移民儿童为了能够加入到社会中且得到社会的认可，会更加努力地学习英语，因为掌握英语是前提。但是由于无法迅速掌握英语，就需要用一到两年的时间帮助他们过渡（Fillmore, 2004: 349）。双语教育不会造成少数民族语言和文化的遗失，只是帮助移民们更好地融入美国社会。尽管许多移民家庭期望他们的孩子可以保留自己的语言和文化，但是谁不想让自己的孩子能够融入这个社会大集体呢？谁又愿意看到自己的孩子和周围的社会格格不入呢？如果双语教育的确帮助移民孩子成人后也能保持他们的语言和文化，那么双语教育本身也违背了其初衷（Fillmore, 2004: 349）。

对于许多美国人来讲，双语教育似乎违背了共同目标——根本不顾美国"大熔炉"的传统；"唯英语运动"的提倡者也提出，如果双语教育有效的话，那么双语教育将威胁到国家的统一，影响民族团结。他们担心政府对于少数民族语言的认可无疑向少数民族发出错误信号，助长了少数民族不学习英语也可居留在美国的想法。

反对双语教育成为加利福尼亚州、亚利桑那州、马萨诸塞州获得选票的一个手段。限制双语教育阻碍了双语项目有效地开展，给服务英语学习者的教育工作者也带来了许多困难。反对双语教育反映了美国民族狭隘主义和阶级局限性，忽视了双语教育的有效性和掌握第二外语的必要性。

21世纪的世界是一个全球化的世界，新的经济发展要求美国与世界各国进行经济贸易往来，具备除英语之外更多的语言能力将成为美国发展的重要资源之一，不能把双语教育看作是给纳税人增加的不必要的负担。在美国，实际上有许多人操英语以外的许多语言，这一事实本身也要求美国教育应该因材施教。

六、美国双语教育的本质及特征

1968年《双语教育法》颁布，最初的目的是采取有效的办法为"英语熟练程度有限"的学生提供平等的受教育的机会，使他们能够较好地学习课程，发展英语学习者的母语，从而培养移民学生的自尊心以减少因过不了语言关而辍学的现象。

1974年的《双语教育法》的修订案，第一次明确了"双语教育项目"的概念以及双语教育项目的目的。双语教育项目的目的被确定为让"英语熟练程度有限"学生尽快并有效地融入英语主流班级之中，这就无疑把少数民族学生的本族语言和本族文化排除在外。

在1978年、1984年和1988年的《双语教育法》的三次修订中，许多人强烈反对使用联邦资金保存少数民族的语言和文化，提出联邦资金的使用应该集中于帮助语言能力有限学生习得英语语言，从而融入主流社会。1978年的修订法案再一次明确了双语教育项目的过渡性目的。双语教育项目主要是为LEP学生提供服务，使其尽快地融入到英语主流班级。此外，1994年《双语教育法》的修订案尽管加强了对发展型双语教育项目和保留型双语教育项目的关注，但是过渡性双语教育项目仍然是主流。

1998年《227提案》的通过掀起了唯英语运动的高潮，而2002年《不让一个孩子落后法》的颁布更是确立了英语的绝对主导地位，双语教育活动从此陷入低迷。

虽然美国双语教育的类型分为沉浸型双语教育、英语作为第二语言型双语教育、过渡性双语教育、保持型或发展型双语教育和双向型双语教育，但是过渡性双语教育在美国成为最为普遍的双语教学模式，联邦的大部分资金也是流向到过渡性模式。根据联邦政府双语教育和少数民族语言事务办公室的报告，从1985年到1992年，给予少数民族儿童资助经费的73.4%流向了过渡性双语教育项目，12.4%的资金流向了英语沉浸型教学项目，1.6%的资金流向了发展型双语教育项目。由此可以看出，美国的双语教学带有明显的过渡性质，而真正保护和发展少数民族学生语言的双向型和保持型双语教育模式由于资金扶持力度相对有限，无法得到充分地发展。

纵观美国双语教育形成直至其结束的整个历史过程，横看美国双语教育的模式，通过对美国国内对此问题争论的仔细分析和研究，我们不难看出：在1967—1968、1973—1974、1979—1980年三次双语教育经费的支撑下，双语教育行为基本上变成了一个对非英语母语者的英语化行为，而不是双语教育行为。具有讽刺意味的是，"双语主义"成为"非英语母语"的媒体委婉语，"双语主义者"成为"非英语母语者"的代名词，"双语教师"成为"教非英语母语者"的人，"双语项目"成为"英语化非英语母语者项目"。总之，双语教育是"成也该死，败也该死。如果它能成功地实现英语的快速转化，那么它就无需存在了；如果它不能成功地实现，那么它同样也就无需存在了"（Ferguson, 1981: 518）。可见，美国的《双语教育法》实际上并未促进移民母语或多语主义的发展，基本上是一个有悖于双语主义的法律。这与中国、印度等国的双语教学有所不同。美国的双语教育政策的明显特征就是其过渡性和转变性：让移民学生从其母语很快过渡到英语，从而实现其替代性转变：英语由第二语言转变为第一语言，最终转变为唯一的语言。过渡是铺垫，转变是目的。美国双语教育的本质就是同化或曰英语化，让移民的子女更多、更好、更快地学会英语，用英语学习文化课程，通过教育的方式同化移民，使其早日融入美利坚盎格鲁—撒克逊单一文化的主流社会，最终达到"飘一面旗帜，唱一首国歌，讲一种语言"的目的。

参考文献

Ager, Dennis. *Motivation in Language Planning and Language Policy*. Bristol: Multilingual Matters Ltd. 2001.

Crawford, James. Bilingual Education: Language, Learning, and Politics. *Education Week*. April, 1987.

Ferguson, C. A. *Language in the USA*. Cambridge: Cambridge University Press. 1981.

Ferguson, Gibson. *Language Policy and Language Planning: From Nationalism to Globalization*. Edinburgh: Edinburgh University Press. 2006.

Fillmore, Lily Wong. *Language in Education*, Vol, 18, 339-358. Cambridge: Cambridge University Press. 2004.

Finegan, Edward. *Language in the USA: Themes for the Twenty-first Century*. Cambridge: Cambridge University Press. 2004.

Spring, Joel. *American Education*. New York: McCraw-Hill. 2006. Huebner, T. & A. D. Kathryn. *Sociopolitical Perspectives on Language Policy and Planning in the USA*. Philadelphia: John Benjamins Publishing Co. 1999. <http://www.nabe.org/press/Clips/>

蔡昌卓，《美国英语史：美国英语融合与创新的历史研究》，北京：北京大学出版社，2002。

蔡永良，《美国的语言教育与语言政策》，上海：上海三联书店，2007。

蔡永良，《语言教育同化：美国印第安语言政策研究》，北京：中国社会科学出版社，2003。

邓蜀生，《美国与移民：历史、现实、未来》，重庆：重庆出版社，1990。

李勤岸，《美国的语言政策》，《各国语言政策学术研讨会论文集》，台北：前卫出版社，2002。

吴剑丽，袁锐锷，"美国对双语教育有效性论争及其启示"，《广东外语外贸大学学报》，2004。

周玉忠，王辉，《语言规划与语言政策：理论与国别研究》，北京：中国社会科学出版社，2004。

第六章　美国 21 世纪以来
的语言政策

　　学术界都基本同意这种观点：文化曾经、正在、并将继续是影响国家具体政策与行为的重要变量，在未来相当长的时期仍将发挥重要作用。同时，文化视角能从不同的角度洞悉影响国家相关政策的民族心理、价值理念、思维方式和行为模式，探究政策制定、实施的根源，从而总体把握一国政策的发展趋势。

　　语言是文化的传承体，它既是个体的，也是群体的。一个民族的语言集中体现了该民族的文化特点和民族精神。作为语言政策的相关组成部分，一个国家的语言立法取向，在某种程度上，正是这个国家文化外在的集中的表现。作为一个移民国家，美国有着多元化的社会族裔，使之不仅成为了世界上唯一的文化"大熔炉"，也成为了语言的"色拉盘"。根植于盎格鲁—撒克逊主流文明，以浓厚的宗教情节为特征，以民族优越感和使命意识为特质的美国文化，构成了具有吞噬其他语言强大力量的语言环境和氛围，有效地维护了英语的绝对权威，这一点不仅体现在以"美国语言一致性"为核心的语言政策当中，而且落实在"确定英语为唯一官方语言"的语言立法取向当中。

一、美国语言立法取向的文化渊源

美国文化本是源于欧洲大陆的清教文化，由清教信徒移民新大陆时带到北美，并在北美大陆找到了广阔的发展空间，异化为美国的白人文化。换句话说，美国的文化不是欧洲殖民统治的简单延伸，而是欧洲文化的继承。正是由于美国文化继承和发展了欧洲文化的合理内核，在北美拓殖的过程中发生嬗变，才产生了与欧洲大陆文化迥然不同的独特魅力。因而，美国的文化既有杂交化的优势互补，又有多元化的绚丽多彩，是一种别具韵味的整合型文化。它包含着世界上几乎一切的种族、民族、宗教、思想和学术，任它们在此并肩而立、争奇斗艳，但又始终以"WASP"文化，即"白种盎格鲁—撒克逊清教"文化为主元和核心。这种文化在美利坚民族形成过程中起了重要的作用，但其本身有着很强的排斥异文化的民族优越感，甚至是鲜明的种族优越意识。美国人自诩为"上帝的选民"，以"救世主"自居，负有教化和拯救弱小民族的"天赋使命"，而美国则自诩是"一座照亮世界的山巅之城"（Kibbee, 2003: 3），是"自由的灯塔、民主的堡垒"（Clinton, 1997: 116），是寻求自由者的"希望之乡"。美国人对其卓越不群的文化优越性和普世性所持有的坚定信念，使美国人有着强烈的使命意识。美国自建国至今，建设一个以美国为模式的新世界，将美国文化推及世界一直是美国人民矢志不渝追求的理想。正如美国学者马克斯·勒拿（Marx Lerner）所言："美国人的偶像就是使美国文化成为全世界追崇的偶像，这是由美国早期的信仰和历史经验所形成的"（Lerner, 2002: 920）。

这种以对其他民族的优越感和使命意识为价值取向的文化贯穿于美国的全部历史，主宰了美国政治文化的主流，并渗透于美国生活的各个领域和各个层面。因而，在现实生活中，美国总是以自身的文化价值观作为尺度来衡量一切事物，积极倡导强化盎格鲁—撒克逊清教文化的认同，并且不失时机、不遗余力地推行自身文化，试图通过同化来消除差异。作为人类知识、信仰和行为的整合形式，文化包含了语言、信仰、习俗、技术、仪式等在内的所有因素。由于美国人民在血统、种族、文化、生活方式、民族背景等方面都存在着明显的多样化的特征，语言的纽带比大多数其他国家更为重要，作为其文化的有机整体的一部分，英语便成为了美国文化输出中一项不可或缺的内容。美国当代政治学学会会长、哈佛大学阿尔伯特·维斯赫德三世学院教授塞缪尔·亨廷顿在他的新书《我们是谁——美国国家特性面临挑战》中曾指出："美国的民族特性就是盎格鲁—撒克逊新教文化，而英语则是其中很重要的一部分，历史经验则证明只有单一语种的国家才能保持长期的民族团结和国家统一，双语种、多语种的国家往往陷于分崩离析的境地"（程克雄，2005：46）。美国第 26 任总统西奥多·罗斯福（Theodore Roosevelt）关于英语在美国的地位也有过相似的论述，他说：

> 我们必须拥有旗帜，但只能是一面；我们必须拥有语言，但只能是一种。那种语言必须是《独立宣言》所用的语言、华盛顿总统告别演说所用的语言、林肯总统葛底斯堡演说和他第二次总统就职演说所用的语言。我们不能容忍以欧洲任何一个国家的语言和文化反对或替代从这一合众国缔造者那里传承下来的语言和文化的任何企图。这一民族的伟大依赖于她敞开胸怀欢迎登上海岸的异乡人的迅速同化。企图阻碍这一同化进程的任何势力就是我们国家最高利益的敌对势力。如果因为照顾某一集团利益而让其自由发展，这种势力将会破坏我们的国家机器，改变我们国家的理想（蔡永良，2007：31）。

当世界进入全球化飞速发展的时代，有些美国人甚至雄心勃勃地提出要以"美国化"代替"全球化"，并公开宣称："如果世界趋同共同的语言，它应该是英语；如果世界趋同共同的电信、安全和质量标准，那么它们应该是美国的标准；如果世界正在由电视、广播和音乐联系起来，这些节目应该是美国的；如果共同的价值观正在形成，它们应该是符合美国人意愿的价值观"（Rothkopf, 1997: 45）。美国根植于盎格鲁—撒克逊"排他性"文化的文明趋同主义观于此表露无余。

二、美国 21 世纪以来语言立法的主导倾向

语言立法，作为一国语言政策中的显性环节，其目的在于确定官方语言和标准语及其使用，规定各民族语言的关系，确保公民的语言权利，减少或防止语言矛盾与冲突，规定语言规范的原则，促进语言健康有序的发展。所谓官方语言，在狭义上，是指在正规场合进行交流的语言，比如公文、外交用语或严肃文体，多指书面语，也包含口语；而在广义上，官方语言与社会母语基本等同，即一个民族的标准语言。

美国文化中特有的优越感和使命观在美国的语言政策中突出地体现在对英语优越性的张扬，对英语核心地位的维护，以及对其他语言的鄙夷和排挤；而落实在美国的语言立法中则是极力使英语走上"通用和统一语言"的轨道，捍卫英语作为唯一的官方语言的坚固地位。冷战之后，随着苏联的解体和东欧的巨变，美国成为世界上唯一的超级大国，英语在世界语言中的地位和势力得到了空前的提高和扩大，成为了第一号国际通用语，于是美国的语言政策更加凸显了作为其主流倾向的"美国语言一致性"。"美国语言一致性，也就是英语一统天下；实现美国语言的一致性，就是坚持英语统一北美大地上的其他语言"（周玉忠，2004：132）。以此为基准和契机，星星之火的美国英语官方化运动便如火如荼地展开了。

1. 联邦政府官方英语立法

美国语言立法主要是通过两个层面上的立法呈现出来的：一个是联邦国家政府层面的语言政策修正案，另一方面则是形形色色的州法令和地方条例。如前所述，21 世纪美国立法的程序主要是通过以"美国英语协会"为首的唯英语运动的相关组织和人员首先通过基层征集请愿签名，然后进行院外政治活动，要求议员向国会提案或要求

公民投票，最终促成联邦政府或州政府制定法律，确立英语为官方语言的法律地位。

1981 年，加利福尼亚州参议员、旧金山学院院长早川一会向国会递交了一份修改宪法的提案《英语语言修正案》(The English Language Amendment)，建议美国政府以宪法的名义确定英语的官方语言地位，虽然被列入参议院第 72 号普通议案，该提案在参议员首次筛选中没有引起参议员们的重视，未被列入审议程序，但它对英语官方化立法产生了至深的影响。从官方英语首次被提议将其纳入美国宪法修正案以来，至今已有超过 50 个议案提出支持将英语确立为美国的官方语言，这其中自 20 世纪 90 年代英语官方化立法运动达到高潮之后的议案就占到了近 90%。

1991 年 3 月在第 102 届国会上拟定了"国家语言立法"的草案。1993 年在第 103 届国会上，就有 4 项有关官方语言的提案，其中由蒙大拿共和党人比尔·爱默生（Bill Emerson）和亚拉巴马共和党人理查德·谢尔比（Richard Shelby）于 1993 年 1 月提交的 H.R.123 号提案，又称《比尔·爱默生英语语言权利法案》(The Bill Emerson English Language Empowerment Act)，要求修改美国法典第 6 款 (Title VI of the US Code) 宣布英语为美利坚合众国的官方语言，规定联邦政府所有雇员和官员在执行公务时必须使用英语并且美国国籍加入仪式必须用英语举行；H.R.124 号提案提出了雇主向非英语或英语有困难的雇员提供英语培训的事项；由威斯康星共和党人托庇·罗斯提交的 H.R.739 号提案，又称《官方英语宣言法案》(Declaration of Official Language Act) 要求确立英语为全体美国公民的交际用语，改革美国入籍法，废除联邦政府双语教育和双语选举的法律；H.R.171 号提案要求修改宪法，规定英语为美国所有公务用语，包括所有的法律、法令、选举，所有政府工作记录、文件、决议等。由于支持这些提案的议员人数没有达到规定要求，它们没有能通过小组委员会进入听证表决阶段。到了 1995 年，其中的 H.R.123 号提案获得了众议院 1/3 议员的支持，进入了听证表决程序。1996 年 8 月在第

104 届国会上，在经过多达二百人复议之后，众议院以 259 票支持、169 票反对通过了该提案。投票结果党派壁垒分明：赞成者 86% 是共和党人，反对者 95% 是民主党人。下一步是将议案送参议院表决，通过后再送总统签署。然而此刻坐镇白宫的偏偏是民主党人克林顿。没等提案在参议院进入议程，白宫就放出话来：如果参议院通过该提案，总统将使用否决权。共和党在参议院虽略占多数，但要以三分之二多数通过这项提案是不可能的，政客们知难而退，放弃了议案在参议院的程序。虽然这项法案未能在参议院获得通过，不能成为法律，但它仍代表了英语官方立法在 20 世纪美国政界获得的最高成就，因而，其社会政治影响是巨大的。除此之外，这届国会上的另外两项提案也引起了议员们的广泛关注。由彼得·金（Peter King）提交的要求修改美国法典第 4 款（Title IV of the US Code）的提案，即《国家语言法案》H.R.1005，成功地呈送至经济教育委员会（Committee on Economics and Education）和司法委员会（Judiciary Committee）。另外一项由理查德·谢尔比提交的 S.356 号提案在经过了两轮听证后，呈送至政府公务委员会（Committee on Government Affairs）进行审议。105 届国会是美国历来涉及官方英语提案最多的一届，提案总数达到了 7 项。其中关于美属波多黎各领土自治和确立官方英语条款的 H.R.856 号提案在众议院以 209 票对 208 票的细微优势获准通过；旨在终止联邦政府对双语教育提供基金扶持的 H.R.3892 号提案以 221 票支持、189 票反对在众议院通过。另外 5 项：要求修定《1965 年中小学教育法》并限制族裔方言基金使用的 H.R.1203 号提案、要求废止双语选票的 H.R.622 号提案、由四位发起人共同起草的关于宪法语言修改的 H.J Res.37 号决议，合并再一次被提交的 H.R.1005 和 H.R.123 号提案，均被呈送至众议院的教育劳工委员会（Committee on Education and Workforce）和司法委员会进行审议。106 届国会上，除了被反复提交的 H.R.1005 和 H.R.123 提案之外，另外两项关于官方英语立法的 H.R.50 号提案和 H.J Res.21 号决议，尽管反应平平，都分别被提交到了教育劳工委员会和司法委员会进行审议。

进入 21 世纪后，英语官方语言立法有了长足的发展。2001 年在 107 届国会上 H.R.1984 号提案在众议院引发了较大的反响。该提案重申了英语作为美国官方语言的重要性和必要性，主张在不脱离美国宪法第一章第 8 节（Article I, Section 8 of the Constitution）的原则下，制定美国移民进入美国的统一英语语言规范标准。2003 年，有两项法案在第 108 届国会上成功地提交给众议院，并且得以呈送至立法委员会。其中一项旨在废止双语教育法案、解除双语教育和少数族裔语言事务公署（OBEMLA）、撤销双语选票的宪法修正案"国家语言法案 2003"（H.R.931）规定："除非现行法律中有规定，否则任何个人和单位不得使用除英语之外的语言进行交流、活动、演出及提供服务"（Schildkraut, 2003: 210-213）。最终虽未能获准通过，但此法案充分显示了美国官方英语立法的一大进展。美国的官方语言立法一直以来有着广泛的群众基础。2005 年佐格比国际调查机构（Zogby International）民意调查显示，79% 的美国人支持将英语确立为美国的官方语言，其中包括三分之二的民主党人和五分之四的第一代和第二代美国人。借助着民意的走向，2006 年 4 月 28 日美国前总统布什在白宫新闻发布会上明确表态说希望成为美国公民的人应该学习用英语唱国歌。2006 年 5 月 2 日美国国会参议员通过了一个不具约束力的决议，宣告英语是美国国歌的唯一语言。同年 5 月 18 日，来自俄克拉何马州的共和党参议员詹姆士·因霍夫（James Inhofe）提交的一项名为《英语语言一致法案》（English Language Unity Act）的 H.R 997 号移民法修正案，得到了来自 39 个州的 152 名众议院议员的支持，成为美国第 109 届国会上获得最广泛支持的提案之一。该修正案要求：（1）确立英语为美国的"国家语言"（national language），美国政府将保护和加强英语作为美利坚合众国的普通话的地位；（2）除非在有联邦法律规定的地方，人们在美国无权（no affirmative right）要求提供除英语以外的其他语言的服务；（3）确立英语为官方语言后，联邦政府在没有特别法律的规定下，必须使用英语，只有在选民登记、法院文书和灾难救助时例外，但并不禁止政府使用西班牙语或其他语言，包括印制双语彩票等；（4）法案还维持将英语作为归化美国公民的条件之一，要求申请归化公民的移民显示掌握一定程度的日常英语用语。H.R.997 号提案在最初参议院表决时以 62 票赞成、35 票反对、3 票弃权得以通过，首次以立法的形式确定英语为国家的官方语言，因此该法案成为了历史上美国官方语言立法进程中的重要里程碑。同日，来自科罗拉多州的民主党参议员肯·萨拉查（Ken Salazar）提交了民主党版本的替代修正案 H.R.4408，宣称英语为"共同和统一的语言"（Common and Unifying Language），为免种族主义之嫌，议案的措辞更为温和。付诸表决后，该议案以 58 票赞成、39 票反对、3 票弃权通过。这两项法案都被加入到参议院预计通过的移民法案中，并送往众议院作参考。至于将哪一个版本的修正案纳入移民法，议员们争论颇多，但最终的结果是多数议员们都同时支持这两项提案、同意禁止在政府服务中使用西班牙语或英语以外的语言。同时，根据 NBC 电视网的一项网民调查，到 2006 年 5 月 20 日中午为止，在 10.8 万个点击回应中，支持将英语作为国家语言的占 67%；支持将英语作为共同和统一语言的占 7%；认为上述两种说法有重要意义的占 17%；认为上述两种说法没有必要和可能是种族主义的占 9%。在第 110 届国会上有 5 项涉及英语官方立法的提案，可谓果实丰硕。2007 年 1 月 3 日意在废止克林顿在任期间的 13166 号行政命令（Executive Order 13166），重新设置公民考试程序并限制政府帮助英语受限者的 H.R.768 号提案被成功地提交到监督和政府改革委员会（Committee on Oversight and Government Reform）。5 月 8 日由参议员詹姆士·因霍夫提交的 S.1335 号提案，极力主张将英语定为美国的官方语言并大力缩减美国政府使用英语之外的其他语言履行行政公务的合法权利。虽然该提案赢得了 8 位参议员作为联合发起人，但是经过了两次审议之后在参议院国土安全和政府公务委员会（Committee on Homeland Security and Government Affairs）悬而未决。6 月 6 日美国国会参议院就同样由因霍夫提交的旨在减少外语语言服务授权、名为《早川一会 2007 国家语言修正法案》的 H.R.1151 号修正案进行投票表决，最终该提案以 66 票赞成、33 票反对、1 票弃权的绝对优势得以通过。但令参议员遗憾的是，附属于该修正案的一个较大的议案在参议院未被看好而被搁置。2008 年 3 月 5 日，因霍夫的 S.2715 号提案，即《2008 国家语言法案》（National Language Act of 2008）顺利进入了参议院的立法听证表决议程，日程编号为 600 号。2008 年 5 月 6 日，H.R.5971 号提案《美国 2008 选举法案》（American Elections Act of 2008）被提交至众议院宪法和人权小组委员会（Sub-committee on Constitution and Human Rights）进行审议，该提案要求美国联邦政府的各项选举的选票统一用英语一种语言印制，同时修正《1965 年选举权法案》（Voting Rights Act of 1965）中关于个别管辖区域可以用英语之外的语言提供选票和其他选举材料的规定。

需要说明的是：美国国家联邦政府层面的英语语言官方立法，意味着为了凸显美国政府的权威性，要求联邦政府的各级官员在执行公务和处理行政事务时必须使用英语；政府部门的历史文书、公文记录、政策法规、公开出版物以及任何形式的书面文函不得使用英语之外的语言。同时，作为官方语言立法的有力补充，美国政府还规定：在紧迫的公共利益的客观要求之下，联邦政府并不限制其他语言的合理使用。这些公共利益包括：保障国家安全与国防、促进国际贸易和外交、保护公共健康和安全、保障法律面前人人平等、发展规划语言教育以及开展刑事诉讼和激活某些瘫痪计划之需。因此，美国官方英语立法范围也具相对性，并不等同于英语绝对垄断一切。

2. 各州官方英语立法

美国的语言教育立法先后经历了散权状态、地方分权、联邦集权几个阶段。由于现行美国政府的联邦制是一种双重政府，即"全国政府与州政府构成联邦制的二元，作为并列的同等主权实体实行共管"（钱满素，2001：234）。因而美国现有的语言立法体制具有统一与分权并重、平衡与制约结合、严格与灵活共存的特点。两级政府分享政府各种权利及其义务，互相限制，同时又互为补充。在法律和政策方面，全国政府和州政府均享有相当独立的法律权限。在维护全国宪法的前提下，联邦政府与州政府均可制定法律、颁布政令，并且贯彻执行。国会与州议会的语言教育立法也是平行的，二者更多体现的是一种合作关系，而不是支配与服从的关系。更有甚者，即便州政府所颁布法律和政策违背了全国宪法，只要执行过程中没有人将其告至联邦最高法院，联邦政府是无权干预的。例如，美国至今有 30 个州颁布了"英语为官方语言"的法律法规，而其中只有亚利桑那州的"英语为官方语言"的法律被联邦最高法院裁定为违反宪法，其余各州的"英语为官方语言"的法令均为有效法律。按逻辑推论，既然亚利桑那州的"英语为官方语言"的法律被联邦最高法院裁定为违反宪法，其余各州的相同法律从性质上说，同样是违宪的，但是它们的法律地位至今仍然没有动摇过。因此，观察和审视美国的语言立法，光从联邦政府这一层面是不够的，州政府的法律法规是考察美国语言立法的不可或缺的部分。实际上，州政府所制定的关于语言立法的法律法规能更加真实地代表和反映美国语言政策的本质和语言立法的倾向，而且美国官方语言立法的主要成果也是在州一级的政府当中取得的。州宪法修定案和法令大多数是在全民公决的基础上通过的，它们至少要得到半数以上议员的同意方能通过，这不能不说是代表了一定数量美国人的想法。

州政府官方英语法律的制定最早可追溯到 1807 年，当时作为法国殖民地的路易斯安那州首度将英语拟定为官方语言作为其进入美利坚合众国的先决条件。在经历了长达一个多世纪的沉寂之后，到了 20 世纪初期，虽然州官方英语立法没有大的进展，只有内布拉斯加州在 1920 年成功修订其宪法，在宪法第一章第 27 节（Article I, Section 27）中将英语列为该州的官方语言，但这并不意味强化英语的意识有所减弱。因为，除正面立法之外，从反面排斥、限制和禁止其他语言的立法行为更加有力地强化了英语的官方语言地位，几个州随后一个时期内的立法行为便是佐证。1911 年，俄亥俄州立法人员通过一项法令，在该州所有小学禁止使用德语。这之后在大张旗鼓的反击德语的浪潮中，美国许多州通过颁布法令限制了非英语语言在公立学校中的使用。根据当代著名的法律史学家阿诺德·H. 莱博维茨（Arnold H. Leibowitz）的一项统计，第一次世界大战结束的次年，即 1919 年，美国共有 15 个州立法规定英语为基本教学语言（Crawford, 1989: 30）。虽然一项试图指定英语为所有公立、私立学校教学语言的提案没能在第 66 届国会获得通过，而到 1923 年已有 34 个州通过法令禁止在公立学校使用除英语之外的其他语言进行基本教学。至此，州官方英语的立法呈现"退潮"之势，这期间只有伊利诺伊州（1969 年）、马萨诸塞州（1975 年）和夏威夷州（1978 年）先后对此立法。1980 年之后，受到唯英语运动的推动，英语立法又重新浮出水面，并以迅雷不及掩耳之势迅猛发展。到目前为止，美国已有 30 个州将英语确定为官方语言（这些州大部分集中在美国的南部和平原地区，其他零散分布于东北部和西部），其中有 25 个州是在 1980 年后直接受到英语官方化运动的影响而制定的。在这 25 个州当中，20 世纪 80 年代对此立法的州达到了 13 个，它们是：印第安纳州（1984 年）、肯塔基州（1984 年）、田纳西州（1984 年）、加利福尼亚州（1986）、阿肯色州（1987）、密西西比州（1987）、北卡罗来纳州（1987 年）、北达科他州（1987 年）、南卡罗来纳州（1987 年）、南达科他州（1987 年）、科罗拉多州（1988 年），佛罗里达州（1988 年）和密苏里州（1988 年）。20 世纪 90 年代有 7 个州对此立法，它们分别是：亚拉巴马州（1990 年）、新罕布什尔州（1995 年）、蒙大拿州（1995 年）、佐治亚州（1996 年）、弗吉尼亚州（1996 年）、怀俄明州（1996 年）、阿拉斯加州（1998 年）。到了 21 世纪，犹他州（2000 年）、艾奥瓦州（2002 年）、亚利桑纳州（2006 年）、爱达荷州（2007 年）、新泽西州（2008 年）这 5 个州先后将英语确定为州官方语言。这 30 个州中，只有内布拉斯加州、夏威夷州、加利福尼亚州、科罗拉多州、佛罗里达州、亚拉巴马州以及亚利桑那州这 7 个州是在全民公决的基础上通过修改宪法确立官方英语地位的，其余 26 个州都通过颁布法律或出台法令来确立的。其中，亚拉巴马州、阿拉斯加州、亚利桑那州、加利福尼亚州、和南达科他州这 5 个州中的官方英语语言立法中还包含了个人诉讼权利（Private Rights of Actions）。所谓语言立法中的个人诉讼权利是指当州政府未能成功履行和执行官方英语相关的法律和法令时，个人有权对该州提请控诉或诉讼。需要说明的是，亚利桑那州的官方英语立法道路比较曲折。1986 年，亚利桑那州通过全民公决宣布英语为该州的官方语言，但是在州法庭裁决时被否定。之后，官方英语以宪法修正案（Proposition 106）的形式再次被提请动议，虽然顺利通过了联邦最高法院的裁决，但被该州大法官视为违宪又一次以失败告终。2006 年 11 月，修正案重新获准审议，以 74% 多数赞成的绝对优势通过立法。另外，已获得官方英语立法的肯塔基州和怀俄明州曾试图通过立法来加强和巩固英语在该州的官方地位，但是出台的法令在众议院的审议环节中均未获准通过。

在其他未通过官方英语立法的 20 个州中，新墨西哥州、俄勒冈州、罗德岛州和华盛顿州这 4 个州分别于 1989 年、1989 年、1992 年和 2007 年通过了"英语加 X"（English Plus）的法律，即英语为官方语言，也允许使用其他语言（Tatalovich and Daynes, 1998: 197）。其余诸州在过去的十年间一直对"是否将英语纳为州官方语言"的这一议题争论不休，在州国会立法会议中提交的相关的立法议案，或是悬而不决，或是屡被提出又屡被拒绝。这其中有 8 个州的 14 个立法提案影响较大，它们是：特拉华州的 S.B.129 号提案（Senate Bill 129）；密歇根州的 H.B.4406 号提案（House Bill 4406）；新泽西州的 A.B.468 号提案（Assembly Bill 468）、A.B.1099 号提案和 S.B.2512 号提案；俄克拉何马州的 H.B.3349 号提案；俄亥俄州的 H.B.7024 号提案；宾夕法尼亚州的 H.B.1958 号提案；威斯康辛州的 A.B.289 号提案和 A.B.806 号提案（其中 A.B.806 号提案以 57 票赞成、40 票反对、3 票弃权在众议院通过且得以进入参议院进行审议）；西弗吉尼亚州的 H.B.3262 号提案、H.B.129 号提案、H.B.3261 号提案、S.B.173 号提案（西弗吉尼亚州曾在 2005 年通过了州官方语言的立法，后由于法令陈述不够严密被联邦最高法院予以撤销）。有些州尽管州宪法中没有明确规定州官方语言的语种，但在实际政府公务的操作运行中

（包含法规的颁布、政府书面文函的起草、政府例行公事的举行等）都采取了以英语为主导的双语形式。如纽约州，自 19 世纪 20 年代至今，州政府的任何文函都是以英语和荷兰语两种语言起草的。位于美国东北部的缅因州，由于外国出生的居民人口比例相对较高，英语官方语言立法实施难度较大，所以政府工作的展开一直是以英语和法语并行的。

由此可见，美国的官方英语立法，以联邦政府出面制定的并不很多，它在很大程度上是以隐性的方式并存于州政府和政府部门的相关法规和条例当中。另外，1990 年新泽西州卑尔根郡通过立法规定商铺的店面牌必须用 70% 的英语进行标识。1996 年芝加哥的四个市郊，包括长青公园，借助公民投票将英语纳为镇官方语言。1999 年在亚特兰大市郊区，一西班牙籍店主因未用英语标识店面违反了当地的法律而被罚以重金。这三个典型案例说明："将英语定为官方语言"已经成为美国语言文化中的显著特色和大趋势，美国官方英语立法也不仅仅局限在联邦政府和州政府的层面，并以更细化的形势延伸到地方政府（市、镇）的层面。到目前为止，美国已有超过 40 个地方政府拥有英语官方英语的法令和法规。除此之外，美属波多黎各岛自 1993 年起就把英语和西班牙语并行为该领土的官方语言。美属萨摩亚群岛一直将英语和萨摩语并行为其官方语言。与美国关岛和北马里亚那群岛的岛国语言并行的官方语言也是英语。

三、美国的反双语教育立法

作为一个以移民为立国之本的国家，美国社会的语言问题是与生俱来的。据著名的语言政策和教育问题专家、双语教育的倡导者詹姆斯·克劳福德教授的研究，早在 18 世纪中叶，作为英国殖民地的宾夕法尼亚州就发生过围绕语言的纷争。当时宾夕法尼亚的德裔移民占到总人口的三分之一，他们普遍使用德语，包括在许多公众场合都造成了一定的社会影响。占人口多数的英裔对此深感不安。甚至，身为社会名流的富兰克林也亲自出马，四处散发小册子，指责德裔离心离德，并警告说由此可能导致社会动荡。之后，民族"大熔炉"的理论虽因美国社会日渐多元化的社会趋势而日渐式微，但是英语以外各种语言的使用始终未能为社会大众所接受。美国当代著名历史学家阿瑟·施莱辛格（Arthur Meier Schlesinger Jr.）认为：像美国这样一个多民族的国家，共同的语言是使之成为一体的唯一纽带。光从法律上确定英语为官方语言还不足以解决这一问题，还必须从教育入手，解决双语教育问题。因为，制度化的双语主义，即法律保护下的双语教育、双语选举、双语入籍手续等，是瓦解美国的源泉之一，是实现"统一民族"理想的威胁。因此，美国双语教育从其法制地位确立以来，在短短的 30 多年里几经沉浮，可谓命运多舛。伴随反双语运动而生的几部立法，虽然数量不多，但是对非英语的少数民族语言打击沉重，有效地从侧面依托了以英语趋同主义为主导的美国语言立法的大方向。

得克萨斯州参议员拉尔夫·亚波罗夫 1965 年向美国第 90 届国会提交了关于中小学双语教育的提案，要求移民子女的公立学校必须提供双语教育。1968 年提案得以通过，并确立为《双语教育法》，全称为《中小学教育法案 VII》。该法案的出台，尽管客观上对少数民族的语言和语言教育起到了一定的正面作用，但是，政策制定者的初衷并不是维护少数民族的语言和文化，而是把双语教育作为一种"过渡性"的手段，即通过双语教育使少数民族儿童从他们的母语迅速过渡到英语，简单地说，母语是阶梯，英语才是目的。另外，《双语教育法》自 1968 年通过之后，在 1974 年、1978 年、1984 年、1988 年、1994 年和 1999 年经历了 6 次大的修改和重审，但每一次修改都没有摆脱"同化"的主题和目的，也没有动摇其"过渡性"的本质。相反，以英语为核心的这一语言意识形态在每次修改中都得到了强化和重申。可见，从本质上讲，联邦《双语教育法》与美国政府以英语统一美国思想文化的一贯理念和政策是一致的，其初衷是适应多元文化的崛起，其根本目的是为了促进少数族裔更快地融入美国社会，从而更有效地排挤和打击非英语语言、同化和消解异族语言文化。因此，无论是从政策本身，还是从政策制定的过程来看，其开明和宽容的程度是有限的，美国政府对辅助双语教育项目的拨款和支持力度也是很有限的。

不仅如此，早在该法案通过的初始阶段，社会上就有批评的意见，美国教育界主流力量也对此持冷漠甚至怀疑的态度。到了 70 年代，随着双语教育的制度化和双语问题的扩展，社会上反对派的声势也越发壮大，逐渐形成两派对峙的局面。对双语教育问题持保守态度的反对派认为双语教育并不是一个简单的教育问题，而是一个政治问题，因为双语教育会强化少数民族的民族认同，延缓他们融入美国社会的同化进程，甚至损害美国语言的统一，导致美利坚民族的分裂。此后，反对派先后组成了一系列社会团体，开展有组织的政治活动来攻击双语教育，对其必要性和实际效果提出质疑。在整体策略上，反对派把更多的力量投入到改变政府的语言政策和语言立法上（Mujica, 2003: 36-39）。这是一个釜底抽薪的举措，一旦去掉或改变相关的语言政策和法律这张"皮"，双语教育及其他双语问题的"毛"将无所附着。反对派对《双语教育法》第一次大规模的攻击发生在1977 年。这一年美国研究所（the American Institutes for Research）受国家计划、预算及评估办公室（the Office of Planning, Budget and Evaluation）委托对双语教育进行了首次大规模的调研。调研报告指出，"有 86% 的双语教育项目负责人说，西裔学童结束双语教育，英语程度足以使他们跟上普通班学生的时候，仍然被留在双语教育班上继续学习"（蔡永良，2007：240）。这个报告结果传递了一个信息：即双语教育项目没有收到预期的结果，有无双语教育项目，区别不大。而且美国研究所部分专家认为，美国公立学校实行的双语教育背离了国会通过《双语教育法》的初衷。此后，关于双语教育的争论更加激烈。

然而，面对反对派咄咄逼人的攻势，双语事业的赞成派从来没有停止过努力和反击。诸多学者纷纷行动起来，以学术界为主要阵地，从心理学、语言学、教育学和社会学的角度出发，开展研究、发表论文、出版书刊，多方论证双语教育存在的必要性、合理性和有效性。然而，从美国的社会政治方面来看，尤其自 1980 年代中后期以来，赞成派已经不占优势，甚至处于频频败退的地位。这一点，在全美的政治舞台上逐渐形成大势，而在加利福尼亚州政治中则表现得尤其突出。正如克劳福德所言："我们不得不正视现实：当今反双语思潮是一种主流现象"（Crawford, 2000）。加州是全美人口最多的州，也是全美新移民人口和少数民族语言最多的州。要在加州以法定的形式推行如此高标准的双语、双文化教育，其人力、物力和财力的代价是十分高昂的。此外，双语、双文化教育体制本身也不成熟，教学效果不甚理想，从一开始就受到批评。到 1980 年代中期，加州调整了双语教育政策，不再推行《查一莫双语双文化教育法》。1989 年，加州选举通过了一项创制性提案，基本上废除了公立学校的双语教学，而让母语是非英语的学生参加"沉浸式英语计划"。20 世纪 90 年代中期，对双语教育的批评更为广泛。1996 年，数十位正在接受双语教育的西裔学生家长在洛杉矶公开联合抵制双语教育课程，引起全国媒体的关注；甚至《纽约时报》的社论也对双语教育项目的实施情况提出批评。1994 年，加利福尼亚州选民投票通过了题为"拯救吾州"（Save Our State）的《187 提案》（Proposition 187）。虽然法律最严厉的部分后来依法予以否定，法律所体现和张扬的种族歧视和排外思想产生了深远的影响，更加掀起了他们对双语教育的不满情绪。正是在这样的背景下，加州掀起了废止双语教育运动的高潮。

如前所述，1997 年春，美国硅谷亿万富翁朗·昂兹在加州组织成立了名为"为了孩子们的英语"（English for the Children）的团体，意在废止双语教学。为此，他起草了《227 提案》（Proposition 227），该提案要求：（1）所有的学校必须用英语授课；（2）为那些英语为非母语的学生开设短期的英语班，但时间通常不能超过一年；（3）为英语水平较差的学生实施密集封闭式的"沉浸式"英语教学，政府每年只能拨款 5 千万美元，资助学生的英语学习。7 月份开始他在加利福尼亚州各地展开请愿活动并获得了 70 万之多的签名数。1998 年 6 月 2 日，这份提案在加利福尼亚州议会上通过全民公决以 60.9% 赞成、39.1% 反对的绝对优势获得通过，率先回归阻断母语思维的英语沉浸式教育，废止了加州实行了 20 多年的双语教育。昂兹一时名声大噪，并声称要将废止双语教育的运动推向全国。

2000 年，昂兹和他的同道们用类似的方法，在亚利桑纳州花费 10 多万美元，通过请愿签名，形成了《203 提案》（Proposition 203）。该提案比《227 提案》的规定更加严格，它要求：（1）禁止用英语以外的任何语言进行阅读、写作或专业教学；（2）严格控制"唯英语教育的豁免权"；（3）废止该州一切关于英语教育的法令和法规；（4）规定该法永久不能废除，法律的任何修改必须通过两院 3/4 议员的同意。2000 年 11 月 7 日提案以 63% 赞成、37% 反对在亚利桑那州议会上顺利通过。亚利桑那州成为第二个宣判双语教育死刑的州。同时，他们还把"为了孩子们的英语"的运动推向科罗拉多州、马萨诸塞州等地，在全国造成相当大的影响。

2001 年秋，"9·11"事件突发，美国举国震撼，保守主义声势狂涨，传统自由主义力量黯然蛰伏，整个美国政治的风向标进一步大扭转。本来就以"爱国主义"为旗号的反双语运动，乘着全美空前的"爱国主义"势头，进一步掀起反双语的新高潮。正是在这样的形势下，小布什当局得以堂而皇之地"阉割"了双语教育。

2002 年，美国的双语教育经受了最大的，也是最后的一次冲击。1 月 8 日，在布什政府推行的名为《不让一个孩子落后法》的教学改革运动中，双语教育从前提乃至本质特征上被彻底否定和排除，联邦的《双语教育法》被正式废止。取而代之的是《英语习得法》，该法案只强调英语语言技能的习得和水平的提高，不再顾及少数民族学生的母语及母语文化。为此，詹姆斯·克劳福德教授撰写了一篇"讣文"，宣告享年 34 岁的《双语教育法》悄然逝去。这项由政府立法资助的、一度风行全美的双语教育事业也随之成为明日黄花（Leistyna, 2002: 2）。

　　2006 年 5 月 18 日，美国参议院通过的 H.R.997 号宪法修正案，其主要内容是确立英语为美国的官方语言，同时对新移民提出一系列英语语言要求，并且取消政府对移民的某些非英语服务。这对于早已被打翻在地的美国双语教育事业来说，真可谓是又踏上了一只脚，恐怕永世不得翻身了。

四、"9·11"事件之后美国语言立法的新发展

　　语言是文化的载体，一个民族的语言集中体现了该民族的文化特点和民族精神。因此，一国语言政策的制定、语言立法的取向必然会受其语言文化的支配。以民族优越感和使命观为价值导向的、以盎格鲁—撒克逊文化为核心的美国趋同型文化直接支配了美国语言立法的倾向，在维护了英语的绝对权威和独尊地位的同时有效地消解和熔化了其他非英语语言。我们截取了美国语言地图的一部分来说明，这一地图是基于 2000 年美国的政府工作报告：

图一：美国英语之外各语言的构成及其所占比重

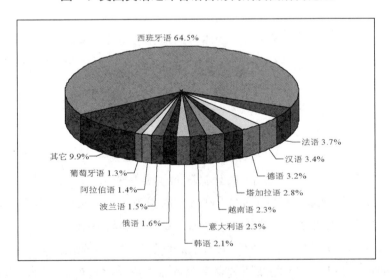

表一

语　言	总　数	百分比
英语	215,423,555	82.10%
英语之外其他语言总和	46,950,2131	17.89%
西班牙语	28,100,725	10.71%
法语	1,606,790	0.61%
汉语	1,499,635	0.57%
德语	1,382,610	0.52%
塔加拉语	1,224,245	0.46%
越南语	1,009,625	0.38%
意大利语	1,008,370	0.38%
韩语	894,065	0.34%
俄语	706,240	0.26%
波兰语	667,415	0.25%
阿拉伯语	614,580	0.23%
葡萄牙语	563,830	0.21%
日语	478,000	0.18%
法（语）克里奥尔语	453,365	0.17%
希腊语	365,440	0.13%
北印度语	317,055	0.12%
波斯语	312,080	0.11%
乌尔都语	262,895	0.10%
粤语	259,745	0.09%
古吉拉特语	235,9850	0.08%
亚美尼亚语	202,705	0.07%
希伯来语	195,375	0.07%

从图一和表一可以看出，在美国，单纯掌握英语的人数占82.1%，17.89%的人说非英语语言。而在17.89%的说非英语语言的

人数中，不少人能够很好或较好地使用英语。因此，美国公民中，能用英语进行交流的人数远远不止 82.1%。而在 17.89% 的掌握一定外语能力的人中，西班牙语掌握者又占了 10.71%。

　　缺乏掌握外语技能的高级人才，已经成为美国现行教育的一大缺憾。同时，与中国 2 亿初级中学生学习英语的情况相比，约五千四百万的美国中学生中仅有大约 24,000 人学习汉语。根据美国应用语言学中心的统计，美国小学只有 31% 的学校教授外语，这 31% 的学校中有 24% 是公立小学。而这些学校中有 79% 的学校又侧重引导接触一门外语而不是达到熟练程度；2002 年"美国文摘教育统计报告"指出，美国高中学生只有 44% 的人选修外语课，这些学生中，69% 的选修西班牙语，18% 的选修法语，仅有不足 1% 的美国高中学生学习阿拉伯语、汉语、波斯语、日语、韩语、俄语或乌尔都语等语种。近年来，只有 8.2% 的高中生在报考大学时选择外语专业，而他们几乎全都选择了西班牙语、法语和德语，在这 8.2% 的学生中选择学习和国家安全息息相关的"关键语言"的学生还不到 1%。据美国现代语言协会的专家统计，这一情况自 1976 年以来就没有改变多少；美国国家安全教育项目（National Security Education Program）统计显示，美国大学本科生选修外语课的学生从 1965 年的 16% 下降到了 1994 年的不足 8%，而且至今仍维持这个比例。在任何一年，出国留学的人少于 2% 且每年只有 1% 的本科生可以成功获得外语学位（Broder, 2000: 22-29）。根据联邦政府的统计，2006 年美国的大学只培养了 9 个阿拉伯语专业的大学生，约 140 名中文专业的学生和寥寥几个韩语专业的毕业生。

　　可见，以世界上最发达国家自居的美国由于一直以来对本国外语学习和外语教育的重视程度不够，致使其外语教育的质量和普及率很低，掌握小语种的外语人才相当匮乏。加之美国是个教育分权制的国家，联邦政府对外语语言教育一般不制定统一的官方政策，相关的立法也屈指可数。1958 年 8 月 23 日美国国会通过了一项名为《国防教育法》（National Defense Education Act）的教育法律。该法案要求培养联邦政府、工商业和教育事业上迫切需要的外国语人才，发展美国各学校目前尚未开设的外国语并提出了七种最迫切需要的外国语言，它们是：阿拉伯语、汉语、印地乌尔都语、日语、葡萄牙语、俄语和拉丁美洲西班牙语。1966 年，联邦政府通过了《国际教育法》，该法明确规定：加强普通公立学校的外语教学，每年拨款 800 万美元改进外语教学，建立语言实验室和语言区域中心，设置语言奖学金，以各种手段促进外语教学。这充分表明美国政府支持开展国际教育和推动高等教育国际化的意愿，主张学生加强对世界各国政治、经济、科学、文化、民族乃至风土人情的了解，使自己成为国际问题专家，目的是满足美国充当国际领导角色的要求。1991 年，美国总统签署通过了《国家安全教育法》(National Security Education Act)，该法案提请联邦政府通过建立国家安全教育项目（NSEP）和国家安全教育董事会来引导美国人民理解外语和外国文化。1993 年 4 月克林顿政府以法案的形式提交《2000 年目标：美国教育法》(Goal 2000: An Educate America Act)，法案由国会两院审议通过，并于 1994 年由总统签署后正式生效。该法案正式提出，应在中小学教育领域，面向全体学生编订供各州各地区自愿采用的课程标准。这些标准详细阐明了所有学生在每个学习领域所必须知道的东西、以及有可能做的事情，并建立了相应的评估体系。整个工作由国家教育标准与提高委员会（National Education Standard and Improvement Committee，简称 NESIC）主持操作。在布什政府所确立的英语、数学、自然科学、历史、地理五门核心课程之外，克林顿政府又增添了外国语与艺术两门核心课程，再加上公民课，共八门课程，均由 NESIC 委托各专门机构编撰各自的国家标准，其中自然科学标准由全美国家科学院全国研究理事会负责。1996 年，美国教育部出台了一部国家级课程标准《外语学习标准：为 21 世纪做准备》(Foreign Language Learning Standards: Preparing for the 21st Century)。该标准的宗旨是：美国必须教育学生从语言和文化上武装起来，以便能在 21 世纪多文化的国际社会上进行成功的交流。该标准具体体现在 5 个方面（简称 5C）：

（1）交流（communication），要求学生能用书面和口头表达所获取的信息；（2）文化（culture），掌握和了解所学外语的文化知识，理解它的表达形式和所表达的观念之间的关系；（3）联系（connection），与其他学科相联系，获得相关信息；（4）比较（comparison），发展学生对所学语言文化本质的洞察力，通过比较本国文化和所学外语文化，更好地理解文化差异以便更好地沟通；（5）社团（community），能借助外语参与国内外的多文化社团活动，把学习外语当作乐趣和充实自我的手段，使学生成为终身的外语学习者。

2001 年 9 月 11 日美国遭遇恐怖袭击之后，美国人立刻发现他们再次面临"Sputnik 时刻"。所谓"Sputnik"时刻是指 1957 年 10 月 4 日苏联成功发射人造地球卫星"Sputnik 1 号"那一刻。美国认为苏联这一技术优势对美国国家安全带来了巨大的威胁。因此，美国通过实现登月计划赢得了所谓的"冷战的胜利"。然而，"9·11"事件给美国带来的是非传统领域的威胁和挑战。美国政府也因此改变了对自身安全环境和现实威胁的判断。它清楚地认识到，外语能力和理解他国文化能力的匮乏，削弱了美国跨文化交际的能力和对国内外的了解，阻碍了社会的流动能力，减少了商业竞争的能力，限制了公共外交的有效性，以至于威胁到了美国的国家安全。外语学习和外语教育的不足不仅消极地影响着美国国家的安全、外交、法律实施、情报工作以及对社区文化的理解，而且阻止了美国在外语媒体环境下有效地交流、妨碍反恐努力、不利于美国人民和他国人民及与其他政府的交流合作及相互理解。

加之 21 世纪后，在各个领域对掌握一定外语能力人才的需求和美国现行的外语现状之间的矛盾更加激化。在政治层面上，美国既需要拥有高水平外语技能和深谙他国文化的专家和领导人，又需要有职业技能同时又能了解他国文化和具备多种语言能力的职员。然而，根据美国翻译协会的统计：2001 年美国联邦政府有近 80 个机关开展工作时部分地需要精通掌握 100 多种外语；而 1985 年只有 19 个机关被认为有这种要求（Crump, 2001: 48）。在经济上，英语作为政府和贸易的"通用语"的作用不断加强，然而随着世界市场对语言文化本土化产品和服务需求的日益增长，美国要想获得经济上的持续发展，要想生产吸引世界的产品，并通过有效手段将产品推向世界，必须具备强有力的外语能力和理解他国文化的能力。由于缺乏这样的人才，美国不能有效地接触和开发海外市场，严重削弱了商业竞争力。在外交上，"9·11"事件使美国认识到"语言武器"的重要性。当恐怖主义分子向美国发起攻击的时候，由于语言障碍，美国毫无准备，处于极为被动的地位。只有改善了国家的外语和文化能力，美国政府才能有效地与恐怖主义行为进行斗争。然而，根据美国参议院 2005 年 9 月的调查，美国国务院的外交官大约有一半人缺乏外语技能。在军事上，现代战争虽然可以通过高科技打破时空障碍获得军事情报，但是语言是获得信息的最后一道屏障，要打破语言屏障只能通过语言技能来实现。自 1991 年以来美国有超过 40,000 人的部队驻扎在 140 多个国家中（不包括北欧国家和日本），在这些国家中有超过 140 种的语言，可见美国的海外战场对外语能力的军事诉求很急迫。因此，建立一支具有流利外语能力的军队是非常重要的。美国前军队事务部长路易斯·卡尔德拉（Luis Caldera）曾指出："在当今这个活跃繁荣的时代，军队士兵们需要具备全球化的能力，不仅是在战略能力的层面上，而且还在自身的素质和适应不同文化和形式的能力上。确切地说，区域专业技能、精湛的外语能力和跨文化交际的技能是实现军队战略胜利的必备条件"（Daniel & James, 1999: 2-3）。

因此，美国政府开始重视从以满足国家政治、经济、外交、军事的需求、尤其是从国家安全的角度来制定国家的外语语言政策，并于新世纪伊始颁布和制定了一系列与国家安全有关、旨在提高国家外语能力的政策和法案，其中较为成功的提案多数集中在第 109 届国会上。

2004 年 6 月美国国防部召开由美国政府、企业、学术界和语言协会领导人参加的"全美语言大会"（The National Language Conference）。会后，即 8 月 17 日发布了"白皮书"——《国家外语能力行动倡议书》，提出了"提高国民外语能力之行动号召"（A Call to Action for National Foreign Language Capabilities），号召美国公民学习国家需要的"关键语言"，以适应"国家外语和文化能力战略的急迫需求，向所有学生提供学习对国家最为重要的外语的机会，通过提高外语能力增进世界文化的了解和尊重，改善美国在全球的领导地位"（Weaver, 2006）。

2005 年 2 月 17 日由 12 位参议员在 109 届国会一次会议上提交的 28 号决议（Senate Resolution 28）被成功提交至参议院司法委员会，并最终以全票获准通过。该决议主要内容为：（1）倡导美国国民不仅要提高英语水平，更要提高掌握其他语言的能力和跨文化的意识；（2）强调外语学习对于学生的认知发展、国家经济繁荣和国家安全保障的重要性；（3）要求参议院将 2005 年度制定为"英语学习年"（Year of English Study），并扩大和加强该年度中小学校、高等教育机构和政府中的外语学习项目；（4）敦促总统发表声明来号召全国民众支持外语学习项目并通过适当的仪式或活动将"英语学习年"落到实处。

2005 年 3 月 8 日众议院以 396 票赞成、0 票反对、37 票弃权通过了 H. Res 122 号决议，该决议重申了众议院对外语语言发展和敲定"英语学习年"的支持态度，强调了外语对国家安全及学生社会发展的重要性。

2005 年 5 月 25 日在美国国会山，堪称重量级的康涅狄格州民主党参议员约瑟夫·利伯曼（Joseph Lieberman）和田纳西州共和党参议员拉马尔·亚历山大（Lamar Alexander）向参议院呈交了名为《2005 年美中文化交流法案》（United States—People's Republic of China Cultural Engagement Act）的 S.1117 号提案。提案中报告了一组美国 2000 年人口统计的数字：美国有 2,200 万人讲汉语，但这 2,200 万说汉语的美国人中 85% 以上是中国血统。而在大学注册的美国学生 98% 学的都是欧洲语言。因此，参议员利伯曼要求联邦政府在 2006 年到 2011 年的 5 个财政年度里从联邦资金中拨款 13 亿美元资助 9 个汉语教学和学习项目，包括扩大两国学生的互访和交流项目，用以美国学校开展中文教学、为美国中小学学生学习汉语建立一个全国性的教学制度，并授权美国教育部拨款建立外国语言服务中心。参议员亚历山大更力主投资中国的语言文化教学以增进两国的文化交流。该提案在参议院引起了很大的反响，在经过两次审议后被呈送至外交关系委员会（Committee on Foreign Relations）。

2005 年 11 月 19 日参议院以全票通过了旨在将 2006 年拟定为"国外学习年"（Year of Study Abroad）的 S.Res.308 号决议。该决议要求美国政府充分认识国外外语语言学习项目的重要性，并督促在中小学校、高等教育机构、商贸和政府项目中增加赴国外进修和学习的机会。

2006 年 1 月 5 日，出于对国家安全和国防的现实考虑，"全美大学校长国际教育峰会"（University Presidents Summit on International Education）在美国国务院办公大楼召开。这次峰会的主角不再是来自美国 50 多个州的 100 多位大学校长，而是美国总统布什、国务卿赖斯、国防部长拉姆斯菲尔德、国家情报局局长内格罗蓬特和参议院外交关系委员会主席卢格。会上，美国国务院、国防部和教育部共同推出了一个"国家安全语言倡议"（National Security Language Initiative），布什亲自推动"国家安全语言倡议"的启动。这是自 1958 年来最为重要的外语语言立法，因为它首次从美国自身安全和国家持续繁荣的角度审视了外语教学的重要性，更为重要的是，它首次将美国的外语语言教育上升到了联邦政府行政立法干预的层面。根据这一倡议，美国联邦政府将在 2007 年财政预算中拨款 1.14 亿美元资助以国家安全为目标的一系列语言项目，以期保证美国及其国民在国际竞争中处于有利地位，保证美国的民主自由政策在国际上被广泛接受。这些语言项目包括对原有的一些项目的扩大和推广以及一些新项目的实施，其目的在于培养掌握国家所需的"关键语言"的高级人才。该计划主攻的"关键语言"是阿拉伯语、汉语、俄语、印地语和波斯语。大概来说，这一倡议主要包括这几个方面的内容：拨款鼓励从幼儿园到中学直到大学的全程学习关键外语计划；资助暑期和学期内学习"关键语言"的计划，这又包括国内学习和去国外强化学习、鼓励外国人来美教外语计划、海外交流项目和教师交流计划等。具体地讲，此倡议包含了教育部、国务院、国防部和国家情报局这 4 个母项目。其中，教育部项目中下设了外语资助（2,400 万）、外语合作（2,400 万）、语言教师团（5 百万）、远程语言教育（1 百万）和教师交流计划（3 百万）5 个子项目；国务院项目下设了 6 个子项目，它们是：美国富布赖特学生项目、暑期语言强化机构项目、吉尔曼奖学金项目、富布赖特外语教学资助项目、教师交流项目和青年人才交换项目；国防部项目包含了美国旗舰语言项目（National Flagship Program）和民间语言学家储备团（Civilian Linguist Reserve Corp）在内的 2 个子项目。

2006 年 3 月 30 日由众议院议员约翰·布纳于 2005 年 2 月 8 日提交了旨在修改和延伸《1965 年高等教育法》的 H.R.609 号提案《高校利用和机会法案》（College Access and Opportunity Act）。提案以 221 票赞成、199 票反对、12 票弃权在众议院通过。该提案要求：（1）扩大和创造国外外语研习的机会，扩展国际公共政策机构（Institute for International Public Policy）的外语工作外延；（2）将外语财政援助列为国家政策发展领域，基于此，外语专业的毕业生到联邦政府就职或在中小学从事教学工作可免于归还贷款。

2006 年 9 月 19 日，美国高等教育未来委员会在历时一年的调查研究之后，向教育部长玛格丽特·斯佩林斯提交了一份旨在规划未来 10 年至 20 年美国高等教育走向的报告：《领导力的考验——美国高等教育未来规划》。报告指出，尽管高等教育一直令美国引以为豪，但是却没有做好准备应对学生日益增加的多样性和越来越激烈的全球经济竞争，美国高等教育正处于盲目自大的危险之中。委员会提出了 6 项改革建议，其中一项要求联邦政府的投资应集中用于事关美国全球竞争力的领域，如数学、科学和外语。

2006 年 12 月众议院议员卢斯·赫尔特（Rush Holt）向国会提交了两个提案：H.R.4629 号提案《K—16 关键外语渠道法案》（K-16

Critical Foreign Language Pipeline Act）和关于修订 1991 年国家安全教育法案的 H.R.4630 号提案。前一提案要求美国政府在"K—12"计划的基础上拨款 2700 万美元在 27 所学校设立从幼儿园到大学的关键外语教学计划，即"K—16 渠道项目"，把外语教学从幼儿园到中小学一直延伸到大学。美国政府还将为高中生提供海外学习"关键语言"的奖学金，与此同时，聘请外国人到美国教授"关键语言"；后一提案提出在国家安全教育项目的基础上新增加 5 个项目。这两个提案在国会众议院最终获准通过，只是在教育部董事会上大多数项目的资助款额都被削减了 1 个百分点。例如，国际教育和外语学习项目由原来的 1068 万美元缩减到 1057 万美元。一些由总统和国会推出的零基金项目，如"星球学校项目（Star School）"得以保留，只是资助款额明显减少。

2007 年 4 月，美国国会通过了《为有意义地促进一流的技术、教育与科学创造机会法》，从而启动了美国确保人才培养和促进国家创新与竞争力的立法程序。该法的缩写在英语中恰好为"竞争"一词，所以又称作《教育竞争法》。《教育竞争法》第 3301 条明确规定要实施"外语合作计划"，通过更早地学习外语以及在整个教育体系中增加外语学习的机会来提升学生的外语能力。"外语合作计划"的目的在于极大地增加学习紧缺外语的机会，并增加熟练掌握紧缺外语的学生人数。该法同时批准了一项拨款计划，以促进高等教育机构与地方教育机构相互合作，建立相关的紧缺外语学习项目，使学生在整个教育阶段都能有效提升自己的知识，促使紧缺类外语人才的水平不断提高。

2007 年 7 月底，美国国会通过了《2007 年大学机会法》（The College Opportunity and Affordability Act of 2007），修改并延长了《1965 年高等教育法》（Higher Education Act of 1965）。该法将是未来五年高教施政的重要依据。该法在加强国际教育方面规定：(1) 教育部长可界定关键外语之定义，决定外语各项计划之优先顺序；(2) 扩大联邦学术竞争补助款计划（Academic Competitiveness Grant

Program）之补助对象，包括学习"关键外语"第三、四、五年者；（3）凡受聘为外语专家者可享受助学贷款的扣减；（4）允许外语教职人员纳为重要的公共服务领域的受雇者，并可扣减助学贷款；（5）加强外语与区域研究奖助计划（Undergraduate International Studies and Foreign Language Program），经费须用于赴海外研修外国语言及文化课程；（6）修改教育部组织法，增设管理国际及外语教育的副助理部长（Deputy Assistance Secretary for International and Foreign Language Education）。

另外，"9·11"之后得以成功提交但由于种种原因未能进入投票表决程序的其他相关外语语言和外语教育的提案还包括：《国家安全语言法案》（National Security Language Act）、《2005 教育机会终身制法案》（Lifetime of Education Opportunities Act of 2005）、《国家外语语言对等法案》（National Foreign Language Coordination Act）、《2005 有效抗击恐怖分子法案》（Targeting Terrorists More Effectively Act of 2005）、《国际和外语研究法案》（International and Foreign Language Studies Act）、《国土安全教育法案》（Homeland Security Education Act）、《21 世纪国防教育法》（21st Century National Defense Education Act）、《国际事务中人与人交流法案》（People-to-People Engagement in World Affairs）、《高等教育法中国际研究法案》（International Studies in Higher Education Act）、《2005 年高等教育修正案》（Higher Education Amendments of 2005） 和《全国语言法案》（National Language Act）。

同时，"9·11"之后美国各州也开始积极开展外语教育的立法工作，成效显著的有 3 个州。怀俄明州 2003 年立法通过拨款 700 万美元支持该州小学的外语教学项目，把对国际教育的支持从研究策略层面落实到财政支持层面。马萨诸塞州于 2003 年 12 月召开了"马萨诸塞州与全球经济"会议，再次强调了国际教育的重要性。该州许多学校已经成功地开展了一些国际课程和外语教学项目。康涅狄格州立法委员会 2004 年通过一项议案，要求在 K-12 学校中积极开展国际教育，并建立了一个专门组织为国际教育的实施进行研究并提供建议。2004 年秋，各学区学校管理者举行会议，研究在课程中开展国际教育的策略。该州 10 所学校与中国山东省的 10 所学校建立了伙伴关系并开展中文教育。

需要说明的是，"9·11"事件之后美国政府加强外语语言立法的举措并没有背离美国语言文化的总体发展趋势。相反，它与美国政府以"英语语言一致"为导向的语言立法倾向是一脉相承的。实际上，美国强化外语语言立法的根本目的是希望在经济全球化的契机下利用"语言战略武器"向全世界尤其是"关键语言"区域传播美国的意识形态、推销美国的自由和民主以及渗透美国文化的"使命"，从而使美国的语言文化走向世界，最终形成"全球文化的美国化"和"美国英语的全球化"。

五、"9·11"事件之后美国外语教育的进退维谷及其启示

近年来为了促进和指导外语教育朝着计划、统一、明晰的体系和方向发展，各国外语教育界十分重视建立完整的课程标准。然而，纵观美国的历史，美国的教育界在本国外语课程标准制定中从来不是通过联邦政府教育机构自上而下的行为来系统地界定外语学习的最低标准。尽管美国政府对外语教育状况的改善提供相应的资金扶持，但扶持的力度相对较小。事实上，美国外语教育在实际的操作中是一种非官方的自由放任的状态。正如美国教育家 R. D. 朗姆波特（R. D. Lambert）所描述的那样：

> ……如果纵向地来看我们的外语教育体制，学生们和老师们如同聚集在两座不相连接的金字塔中，一座在高中，另一座在大学。而我们正试图在小学创建第三座孤立的金字塔。每座塔中的师生们都极力专注于前一、二年级的外语学习，而与此同时，美国外语学习的注册率却一落千丈……这种结构有一大重要的副产品，那就是，当两座塔衔接之时便

出现了一个很大的断层，高中毕业生无法顺利地继续大学的外语学习，其中最为极端的案例表明美国高中阶段和大学阶段的外语教育不具任何关联性。

全国外语教育一直以来都以州层面的课程框架作为指导，但是由于美国是个教育分权制的国家，到目前为止，美国的外语教育没有统一制定的联邦政府的官方政策。尽管"9·11"之后美国的外语政策在立法上取得了丰硕的发展，外语教育在数量、质量和结果上也取得了欣喜的进步，但是在当今这个多元共生的时代背景下美国的外语教育在此契机上究竟能走多远却成为教育同仁们所担心的问题。毕竟语言是带有文化属性的，它不是自然而然生成的，因此以国家战略为定位的美国外语教育在后现代主义的思潮下是不可能脱离其特定的文化意识形态轨迹而发展的。这也就解释了美国现存的一大教育现象：那就是尽管大多数相关外语学习的政策制定都集中在区域学校和独立高校的手中，但是"美国学校中外语教育的模式却惊人的相似"（Ferguson & Huebner 1991: 4）。克拉姆斯基曾经指出，造成美国当今外语教育现状的主导性因素就是统领美国的哲学思想。他说："这种哲学思想视外语语言教育为一种奢侈。因为外语既不是追求个体幸福的必需，也不能促进大众民主事业的取得。更有甚者，外国语言文化的教学被视为是背离了美国'大熔炉'意识形态的发展目标"（Kramsch，1989: 2）。基于克拉姆斯基的这一论断，美国本土双语教育之所以合理"不是因为它保留了国家的外语资源，而是因为它提供了向英语顺利过渡的平等机会和便捷平台"（Terguson & Huebner 1991: 5）。

由此可见，尽管"9·11"之后美国在国家安全、国际经济和贸易、外交以及军事等领域对外语熟练程度的诉求很高且很急迫，少数族裔的传统语言在美国的国家利益之前仍未能被纳入国家珍贵资源的范畴内。语言少数族裔一直以来都被界定为是给"持英语单一语种群体乃至整个北美社会制造语言文化问题和困惑的典型群体"

（Roca, 1989: 103）。作为"语言作为权利"和"语言作为资源"的对立面，这种彰显于美国的"语言作为问题"的意识倾向（Ruiz, 1984: 18）极大地限制了国家为语言少数族裔提供维持和发展其传统语言的能力，同时也无形中剥夺了英语单一语种群体以少数族裔群体为中介和媒体来学习和掌握其他非英语语言的机会。

可见，作为语言政策的灵魂和语言教育的思想基础，语言意识形态在美国初高等教育中相对于外语政策的形成、规划和实践起着至关重要的作用。兰伯特曾颇为悲观地评价美国的外语教育，他说："最终，美国的外语教育能否成功的关键取决于全美社会对于本土外语学习的态度，而大体上这种态度不是语言界本身所能左右的"（1990：3）。美国的多元文化是有条件的，即人们要先承认美国的价值观，也就是说，美国人对"他者"容忍的前提是要先"崇美"，否则就要以所谓的"非美国化"被剥夺自由。正因为如此，美国的语言文化是以宣扬和崇尚英语为前提的。按照常识，一个民族的人民赞美自己民族的语言是无可非议的，但是，正是美国这种强烈的母语情结构建了"语言作为问题"这种主流语言意识的社会渊源和心理基础。更有甚者，这种以明显的"自褒性"和"排他性"为特征的语言意识形态不仅延伸到了学术领域，更扩展到了公共生活层面。对于美国外语教育而言，这非但是不幸的，更是悲哀的。因为作为隐形的推动力，这股具有强大吞噬力的语言意识形态不但影响着美国社会的语言格局，左右着美国的外语政策，"更起着加强主流语言和消解非主流语言的重要作用"（蔡昌卓，2002：32）。

"9·11"之后美国外语教育进亦难、退亦难的现状对语言工作者的启示有三。

其一：语言政策包含语言意识，语言意识是人们对语言的看法和所采取的行动。在双语和多语社会中，由于社会或民族认同、情感、目的和动机、行为倾向等因素的影响，人们会对一种语言或文字的社会价值形成一定的认识或做出一定的评价。一个民族的语言意识是该民族对本族语言的基本态度，反映在国家政策层面上便是这一国家的语言政策的社会基础和心理支撑。研究美国语言政策的专家斯凯夫曼认为，一个民族的语言态度和观点是相对于这一民族的国家语言政策的重要部分。因此，只有当包含经济学、社会学、市场学、国际关系、商贸、人类学、和心理学在内的美国学术团体以及更多的美国民众将"语言作为问题"的这种偏执的语言意识转向为更具欣赏力和包容性的"语言作为资源"的语言意识倾向，并且只有当他们能够重新审视长久以来对于外语教育和语言少数团体的偏见，美国才能制定出更加完善的外语规划和教育政策，并在实际操作中取得良好的实效。

其二：鉴于"9·11"之后外语于美国国家安全、国际贸易及商业利润的重要性，外语学习和少数族裔的非主流语言的教学应是互为补充的。外语的熟练程度对于源语言和非源语言的学习者来说都是至关重要的。因为，首先总统委员会就美国外语及国际学习的调查显示美国少数族裔的语言存在着开发的潜能性。以西班牙语为例，西班牙语不仅是主要的世界语言之一，是联合国的官方语言，而且是中美和南美洲重要的贸易伙伴的语言。更为重要的是，它是美国除了英语之外在公共场合最为广泛使用的语言，也是美国最大的少数族裔语言。美国人口事务署的最新统计也显示目前占美国总人口 10% 多一些的西班牙族裔在未来的 10 年将超过非洲族裔成为美国最大的少数族裔群体，在未来的 15 年西班牙裔人口将会成倍增长，从 2,700 万增长到 4,000 万，是其他少数族裔增长的 5 倍。到 2050 年拉丁美洲人将占美国总人口的 24.5%（Berg & Apgar, 1996: 1A）。再者，语言少数族裔，作为珍贵的语言人力资源，有权利获得国家的保护和扶持，以防其传统语言文化的没落和遗失，同时，自知自觉地发扬和传播本民族的语言文化更是他们责无旁贷的义务和责任。只有将包括讲主流语言和非主流语言、源语言和非源语言的所有学生都纳入到国家的外语教育体系之中，外语技能才能真正地为美国国家安全和国际关系服务。

其三：在外语教育政策的制定上，根据一时之需仓促作出的决定会使外语教育片面发展，给外语教育造成非常严重的后果。外语教育是一个长期的过程，一项政策一旦得到实施，必然会在相当长的一段时期内发挥作用，改变政策并不能立即扭转已经开始的过程。教育政策失误的代价往往是高昂的，后果也往往要在多年后才显现出来，因此在制定外语教育政策和规划时，必须注意将当前的政治经济需要与长远的教育事业需要协调一致，并参考和借鉴国内外历史上成功的经验，才能制定出全面、均衡、科学的政策和规划。

　　总之，语言政策是一个十分敏感的领域，处理得是否得当关系到一个国家的政局稳定、民族团结和国际地位，因此应该引起语言工作者，尤其是外语教育政策的制定者足够的重视。

　　语言与文化休戚相关。审视一国特别是大国的语言政策和语言立法必须联系该国的政治传统、价值观念、意识形态等文化因素，否则就会只知其"然"，不知其"所以然"。语言立法，作为一种文化手段，具有十分明显的政治文化意图和国家政策导向，它不可能也从来没有过"科学中性"。美国因其独特的文化传统、建国历史和政治制度而使其语言政策带有浓厚的文化烙印，离开美国的政治文化背景来研究美国的语言立法就难以把握其立法脉络的内涵和深层动机，也就无法解释"文化"自变量对"语言立法"因变量产生作用的内在机理。

　　由此可见，发轫于清教徒的宗教信仰，根植于美国特殊的地理环境，形成于美利坚民族的特殊性，以盎格鲁—撒克逊的文明趋同主义为核心的美国文化直接支配了美国政府对语言的基本立场和观点，依托了长久以来，尤其是 20 世纪后半叶以来的美国官方语言立法的主导倾向。具体地说，秉承"上帝赋予的使命"，美国一直把自己当做世界的楷模，当领土扩张已无可能、经济扩张遭到抵制时，美国力图加强其语言文化的渗透并强调英语的普世性（universality）和可输出性（exportability）。在具体行动上其表现张弛有度。横向上，积极通过立法将英语确定为美国的官方语言，最终导致了 30 个州、40 多个地方政府相继制定和颁布了英语为官方语言的法律；纵向上，通过声势浩大的反双语教育立法运动来强化"英语语言一致"的终极目标，使美国语言教育重返唯英语教育的轨道，运动最终导致了美国废除了长达 30 多年的《双语教育法》。"9 • 11"事件之后，美国通过立法加强全民外语语言能力，旨在在新的历史条件和时代的契机下实现语言立法的双重的功能：一方面提升国家自身的安全防御和保障；另一方面凭借外语的阶梯来实现全球化的"英语统一"。

参考文献

Berg, S. & S. Apgar. Spanish Speakers Are Fastest-Growing Consumer Segment. Star Tribune: *Newspaper of the Twin Cities*, May 5:1A.

Broder, R. & E. Welles. Foreign Language Enrollments in United States Institutions of Higher Education. *ADFL Bulletin*, Win. 2000, Vol. 31, (2): 22-29.

Bush, W. George. Teaching Language for National Security and Global Competitiveness: US Department of Education Fact Sheet [DB/OL]. 2006-3-4/2007-7-8. <http://www.ed.gov/news/pressreleases/2006.html>

Clinton, Bill. *Between Hope and History*. Haikou: Hainan Publishing House. 1997.

Crawford, James. Anatomy of the English-Only Movement [J/OL]. 2000-9-8/2007-5-3. <http://ourworld.Comuserve.com/homepages/jwcrawford/aeom-az.htm.>

Crawford, James. *Bilingual Education: History, Politics, Theory, and Practice*. Trenton, NJ: Crane Publishing Co. 1989.

Crump, T. *Translation and Interpreting in the US Government 2001*. Alexandria, VA: The American Translators Association. 2001.

Daniel, Jurafsky & H. M. James. Language and the Department of Defense: Challenges for the 21st Century: An Interview with Glenn H. Nordin. Office of the Assistant Secretary of Defense, C31. *NFLC Policy Issues*, Dec. 1999. Vol. 2, (2): 2-3.

Ferguson, C. A. & T. Huebner. Foreign Language Instruction and Second Language Acquisition Research in the United States. *Foreign Language Annals*, 1991, (20): 3.12.

Kibbee, Douglas. *Language and Linguistic Rights*. Illinois Publishing House. 2003. 3.

Kramsch, C. J. New Directions in the Teaching of Language and Culture. *National Foreign Language Center Occasional Papers*, 1990, (54).

Lambert, R. D. Foreign Language Planning in the United States. *National Foreign Language Center Occasional Papers*, 1992, (6).

Lambert, R. D. Problems and Processes in US. Foreign Language Planning. *The Annals of the American Academy of Political and Social Science*, 1994, (532): 47.

Leistyna, Pepi. Scapegoating Bilingual Education: Getting the Whole Story from the Trenches. *Bilingual Research Journal*. Washington: Summer 2002. VOl. 26, (2): 2.

Lerner, Marx. *America as a Civilization*. New York: University Press of America. 2002. 920.

Mujica, Mauro E. Why the US Needs an Official Language. *The World & I*. Washington: Dec. 2003. VOl. 18, (12): 36-39.

Net 2. http://www.mal.org/map. March 8, 2008.

Roca, A. Review of Language Diversity. *The Language of Latinos,* 1997, (103): 5.

Rothkopf, David. In Praise of Cultural Imperialism. *Foreign Policy*, 1997, (2): 45.

Ruiz, R. Orientations in Language Planning. *NABE Journal*, 8(2), 15-34.

Schiffman, Harold F. *Linguistic Culture and Language Policy*. London: Routledge. 1996. 211.

Schildkraut, Deborah J. Press One for English. *Language Policy*, 2003, (4): 210-212.

Tatalovich, R. & B. W. Daynes. *Moral Controversies in American Politics: Cases in Social Regulatory Policy*. Armonk, NY: ME Sharpe. Inx. 1998. 197.

Weaver, Nancy. A Call to Action for National Foreign Language Capabilities [EB/OL]. 2006-5-16/2008-2-28. <http://www. nlconderence.org/docs/whitepater.pdf.>

蔡永良，《美国的语言教育与语言政策》，上海：上海三联书店，2007。

程克雄，《我们是谁——美国国家特性面临挑战》，北京：新华出版社，2005。

钱满素，《美国文明》，北京：中国社会科学出版社，2001。

周玉忠，王辉，《语言规划与语言政策：理论与国别研究》，北京：中国社会科学出版社，2004。

第七章　美国国家语言战略与我国语言文化安全对策

如前所述，进入 20 世纪以来，美国政府连续发布了一系列关于提高国家外语能力的政策、法案。特别是，2006 年 1 月 5 日，美国国务院、教育部和国防部联合召开的"全美大学校长国际教育峰会"，正式推出美国"关键语言"倡议计划。这是美国政府首次从国家安全与繁荣的角度看待外语教育。这一系列有关外语教育的政策与法案，集中地反映了美国的国家语言战略。这些在全球化背景下发布的语言战略，对我国语言文化安全，特别是对我国汉语国际推广战略的实施带来巨大的挑战。

一、美国国家语言战略与外语政策

新世纪伊始，美国接连发布了一系列与国家安全有关的外语政策。2004 年 6 月美国国防部召开由美国政府、企业、学术界和语言协会领导人参加的"全美语言大会"。会议的目的是"要通过提高外语能力增进对世界文化的了解和尊重，改善美国在全球的领导地位。"[1] 会后，即 2005 年 1 月发布了"白皮书"——《国家外语能力行动倡议书》，号召美国公民学习国家需要的"关键语言"。2005 年 5

月美国民主党参议员利伯曼和共和党参议员亚力山大向参议院提交了《2005 年美中文化交流法案》，要求 5 年内从联邦资金中拨款 13 亿美元，用于美国学校开展中文教学，以改善与中国的贸易和文化关系。2006 年 1 月 5 日，美国教育部、国防部联合召开"全美大学校长国际教育峰会"，美国总统布什在会上发起"国家安全语言倡议"，并拨款 1.14 亿美元资助以国家安全为目标的"国家旗舰语言项目"，其中包括"汉语旗舰项目"。目的在于培养国家需要的"关键语言"的高级人才。美国发布的这一系列法案和政策集中地反映了美国在全球化背景下新的国家语言战略。

1. 美国国家语言战略出台的背景

美国国家语言战略出台的直接原因是"9·11"事件的惨痛教训。然而，美国政府并没有就事论事地看待"9·11"事件给美国带来的灾难性后果。相反，"9·11"事件促使他们回想起了美国的历史教训。美国政府认识到，"2001 年 9 月 11 日之后，美国人立刻发现他们再次面临着 Sputnik 时刻"。[2] 所谓"Sputnik 时刻"是指 1957 年 10 月 4 日苏联成功发射人造地球卫星"Sputnik 1 号"那一刻。美国认为苏联这一技术优势对美国国家安全带来了巨大的威胁。因此，美国通过实现登月计划赢得了所谓"冷战的胜利"。然而，历史上的那一刻仍然使美国记忆犹新。他们再一次意识到教育与国防的密切关系，因而在"全美语言大会"的白皮书里，号召美国公民学习外语，改善国家的外语能力，确保美国的国家安全。

如果说苏联凭借军事技术上的优势在 20 世纪 50 年代对美国的传统安全领域带来巨大的军事威胁，那么，"9·11"事件给美国带来的则是非传统安全领域的威胁和挑战。美国政府清楚地认识到，外语能力和理解他国文化能力的缺乏，削弱了美国跨文化交际的能力和对国内外的了解，阻碍了社会的流动能力，减少了商业竞争能力，限制了公共外交的有效性，以至于威胁着美国的国家安全。

此外，美国新出台的国家语言战略与其海外战场对外语技能的政治和军事诉求密切相关。美国军方外语推广部门认为，目前最关键的外语是阿拉伯语和普什图语。因为目前在伊拉克驻扎的美军有上万人，但通晓阿拉伯语的人寥寥无几。语言不通便无法与当地人交流，无法了解周围的情况。为此，美国前总统布什在全美大学校长国际教育峰会上详细地阐述了掌握外语技能的重要性。他希望美国军队是一支具有流利外语能力的军队，外交人员和情报人员能够听得懂阿拉伯语等"关键语言"，并希望来自重要区域的外国人教美国人如何说他们的语言，以便于传播美国的意识形态。[3]

美国新出台的国家语言战略还与经济全球化竞争的背景有关。2005 年发布的全美语言大会的白皮书指出："我们的构想是，通过外语能力和对世界文化的了解，使美国成为更强大的全球领导者。"这一语道破美国国家语言战略的真实目的。[4] 美国政府清楚地认识到，为了确保美国在经济全球化中的经济竞争力，美国必须"拥有高水平外语技能和了解他国文化的专家和领导人"。[5] 美国需要既有职业技能同时具有了解其他文化和多种语言能力的职员，这样才能保持美国在全球市场的领导地位。近年来，中国的和平崛起引起了美国的极大关注和恐慌。他们认为，中国的经济崛起对美国是一个全方位的挑战。因此，美国参议员利伯曼在《2005 年美中文化交流法案》中指出，"为我们的孩子们提供了解中国语言和文化的机会，将使他们在经济全球化过程中获得更好的获胜机会。"[6]

上述背景表明，美国出台国家语言战略的政治、经济和军事企图是显而易见的。美国的国家语言战略不仅仅着眼于目前的国家安全，而且着眼于未来的全球化竞争，从全球化的高度，为美国下一代未雨绸缪，可谓"为之计远矣"。

2. 美国国家语言战略目标

美国国家语言战略的第一个目标是维护美国的国家安全，即非传统安全领域的国家安全。2003 年 8 月美国国会议员卢斯·赫尔特（Rush Holt）向议会提交《国家安全语言法案》(National Security Language Act) 时指出，"如果我们不致力于学习世界各重要地区的语言与文化，我们将无法再保持国家的安全。我们在海外的军队和国内人民的安全要求我们迅速行动起来，以解决国家需要的关键语言人才短缺问题。在这个问题上不作为不仅是不负责任的，而且是危险的。"[7] 卢斯·赫尔特看到，"9·11"两年之后，美国在外语能力提高方面仍然没有大的改变。他寄希望于这个法案能够改变美国外语能力落后的现状。使美国的下一代有能力应对美国面临的新威胁。美国亚狄非（Adelphi）大学校长罗伯特·A.斯各提（Robert A. Scotty）也曾一针见血地指出，"国家对其他国家文化了解的需要，与其他国家人民交流的需要，已经不是什么新需要；我们也听到很多解决这些问题的倡议，但是几乎没有什么进展，以致造成了这么多对世界一无所知的公民。"[8] 由此可见，美国政府已经认识到，外语能力的匮乏给美国的国家安全、外交、法律实施、情报收集乃至文化理解带来了许多负面影响。因此，2006 年布什发起"国家安全语言倡议"，把外语能力提到前所未有的高度，并试图通过提高美国公民外语能力来确保美国在 21 世纪的安全和繁荣。

美国国家语言战略的第二个目标是维护美国在全球的经济利益，使美国在全球竞争中提高经济竞争力。美国政府认识到，所有的贸易是全球的，但所有的市场都是世界各地的。美国希望通过自由贸易进入世界各地的市场。为了实现这一战略目标，需要拥有高水平的外语技能和对世界各地文化深刻的了解。然而，由于缺乏这样的人才，美国不能有效地接触和开发海外市场，商业竞争力受到损害。美国国会前议员里奇·莱兹奥（Rich Lazio）在全美语言大会上指出，全球化并没有带来英语的全球化，说英语的人仍然是少数。美国要想获得经济上的持续发展，要想生产吸引世界的产品，并通过有效手段将产品推向世界，就必须具备强有力的外语能力和理解他国文化的能力。但是，他看到"美国的一些企业目前仍然没有完全意识到这种需要。"[9] 因此，这位前议员呼吁外语教育要从幼儿做起，充分利用所有资源使他们受到良好的外语教育，以保持美国在未来海外市场的竞争力。

美国国家语言战略的第三个目标是制造"语言战略武器"，利用"语言战略武器"传播美国的声音。所谓"语言战略武器"，是指美国利用语言的交际功能作为传达美国意志的手段，以实现美国的战略目标。美国前总统布什在"全美大学校长国际教育峰会"上的讲话对"语言战略武器"的功能作了详尽的阐释。布什认为，国家安全语言计划通过"国家旗舰语言项目"[10]培养军事情报以及外交人员只能在短期内维护美国的国家安全，而要维护美国长期的国家安全必须通过传播民主和自由的意识形态。美国要在这场意识形态斗争中获胜，必须依靠那些具备外语能力的美国人来传播民主与自由。如果你不具备外语能力，就无法使需要帮助的人相信你的民主和自由。从布什的讲话可以看出，美国把语言作为实现其全球化战略目标、传播美国意识形态的重要战略武器。语言被赋予重要的战略意义。由此看来，语言既然作为"武器"就会有"杀伤力"，借用"语言武器"可以达到其他武器所达不到的目的。因此，布什提出"要充分利用所有的语言资源，让那些来自世界重要地区的外国人教我们如何说他们的语言"，[11]其良苦用心就不难理解了。

美国国家语言战略的第四个战略目标是，为海外战场的军事情报人员、外交人员装备"语言武器"，满足海外战场军事、外交和情报需求。布什在"全美大学校长国际教育峰会"上对此作了明确的阐释。布什希望，在前线的战士能够和抓获的敌人对话，能够听得懂驻扎区当地人说的话，能够在任何区域用当地人的语言和他们交流。他认为，建立一支具有流利外语能力的军队是非常有意义的。在情报收集方面，布什希望，当有人用阿拉伯语、波斯语或乌尔都语说话的时候，情报人员能够听得懂他们在说什么；在外交方面，布什希望外交人员能够用当地的语言和当地政府沟通，使美国政府确信当地政府能够和美国合作，与那些残害生命、传播难以置信的落后意识形态的恐怖主义进行斗争。布什的讲话直接反映了美国海外战场对外语能力的军事诉求。现代战争虽然可以通过高科技打破时空障碍获得军事情报，但是语言是获取信息情报的最后一道屏障。打破语言的屏障只能通过语言技能来实现。这是美国为什么如此看重"语言武器"在未来战争中的作用的原因之一。

3. 美国国家语言战略下的外语政策

为了贯彻落实美国的国家语言战略，美国政府推出了一系列外语政策。其中一个重要的外语政策，就是鼓励全民学习国家需要的"关键语言"。

2004 年在全美语言大会上，美国就提出"向所有学生提供学习对国家最为重要的外语的机会。"[12] 这主要是出于两个方面的战略考虑：一方面，美国认为，美国国家安全需要外语人才，如改善信息情报收集、改善国际外交手段以及海外战场的需求；另一方面，美国参与世界经济竞争也需要外语人才。因为，美国认识到，市场竞争的全球化，使英语作为政府和贸易的"通用"语的作用不断加强，但是现在世界成千上万的市场对语言文化的本土化产品和服务的需求日益增长。由于这种需求增长，美国必须学习当地市场的语言和文化，才能"获得进入当地市场的资格，并战胜越来越多的精明强干的对手"，才能保持美国在全球市场的领导地位。

2006 年 1 月布什在"全美大学校长国际教育峰会"提出的"国家安全语言倡议"中，进一步明确了美国鼓励公民学习国家需要的 8 种"关键语言"[13] 的政策。汉语被列入第二位。在这一政策下，美国国防部拟进一步扩大"国家旗舰语言项目"。这个项目是美国联邦政府与美国高等教育机构合作为政府培养具有高级关键语言水平的专业人才。在这 8 个"关键语言"的旗舰项目中，"汉语旗舰项目"由美国杨柏翰大学（BYU）承担，主要培养高水平的汉语人才。这些汉语人才不仅能够用汉语讨论一般问题，而且能够用汉语讨论所学专业问题。

为了实现美国的长远战略目标，美国政府还制定了外语教育从幼儿做起的外语政策。在"国家安全语言项目"中拨款 2400 万美元，鼓励美国儿童从幼儿园到高中（12 年级）学习国家需要的"关键语言"，即所谓"K—12"计划；在此基础上，美国政府拟拨款 2700 万美元在 27 所学校设立从幼儿园到大学的关键外语教学计划，即

"K—16 管道项目"，把外语教学从幼儿园到中小学，一直延伸到大学。美国政府还将为高中生提供到海外学习"关键语言"的奖学金，与此同时，聘请外国人到美国教授"关键语言"。

此外，美国通过"AP 中文"项目首次将中文引入美国主流教育。美国参议员利伯曼在"2005 美中交流法案"中报告了一组美国 2000 年人口统计数字：美国有 2,200 万人讲汉语，但这 2,200 万说汉语的美国人中 85% 以上是中国血统，而在大学注册的美国学生 98% 学的都是欧洲语言。因此，他要求联邦政府在未来 5 年投资 13 亿美元资助 9 个汉语教学和学习项目。利伯曼指出，美国需要花费时间和金钱来了解中国的语言和文化，这是和中国打交道的必备武器。美国参议员亚力山大更力主投资中国，投资中国语言文化教学。他不无远见地指出，历史已经表明，与其把成千上万的美元用于外援，不如适度投资语言文化教育。他们认为，投资中文教育，增进两国的文化交流，美国的投入会获得更大的回报。

2009 年 11 月 15 日—18 日，美国总统奥巴马对中国进行了国事访问，随即发表的《中美联合声明》指出："目前在美国的中国留学人员已接近十万人，美方将接受更多的中国留学人员赴美学习并为中国留学人员赴美提供签证便利。美国在华留学人员约有两万名，美国将启动一个鼓励更多美国人来华留学的新倡议，今后四年向中国派遣十万名留学人员。"可见美国十分重视人文交流的作用，决心使两国彼此国家留学的人数基本持平。

在布什提出国家安全语言倡议之前，美国军方已经先行一步，制定了通晓外语的军人可以加薪的政策，鼓励美国官兵学习"关键语言"。2006 年 1 月 3 日，美国国防部宣布，为增强美军在伊拉克和阿富汗等海外战场的行动能力，国防部已经把目标锁定"语言关"。美国防部计划在未来 5 年增加拨款加强外语教学，吸收更多的外语教师，让掌握"关键语言"的军官加快晋升步伐。[14]

二、美国国家语言战略对我国语言文化安全的挑战

美国的国家语言战略不只是针对本国的语言战略，而主要是着眼于未来全球化竞争。美国为了实现其长远战略而赋予语言太多的战略"使命"，这对世界各国，特别是对那些"关键语言"区域具有极大挑战性。汉语也被列为"关键语言"，中国自然是美国格外关注的对象。其战略目标也将对我国的语言文化安全带来潜在的威胁。

首先，美国将汉语列为"关键语言"，并通过"汉语旗舰项目"培养精通汉语的专业人才。在未来的经济全球化竞争中，这些人才将成为我国在各个领域，特别是经济领域直接交手的竞争对手。美国人这种"师夷以治夷"的语言战略对我国的语言文化安全带来潜在的威胁。美国在全美语言大会的白皮书中开宗明义地指出，"我们必须采取行动，恢复我们在全球市场的领导地位，并战胜日益强大的、精明强干的竞争对手。"美国寄希望于培养一批既有专业技能，同时精通中国语言文化的政治、经济、军事、外交等各个领域的人才，以实现美国的战略目标。利伯曼在《2005 年美中文化交流法案》中指出，和中国进行贸易的前十名贸易伙伴中，十个有七个是贸易顺差，十个有五个拥有对中国语言文化具有深刻了解的人才。他认为，中国的和平崛起已经表明，中国将是世界最大的消费市场。美国必须在这个市场刚刚萌芽时，就以精通中国语言和文化的专业人才和中国打交道。中国有句俗语："知己知彼，百战不殆"，美国人深谙其道。

其次，美国国家语言战略赋予"语言战略武器"诸多"使命"，其一是传播美国的意识形态。换句话说，美国希望利用"语言武器"对"关键语言"区域进行文化渗透。这势必对我国的语言文化安全带来直接的威胁。这种威胁首先是通过信息技术，用"关键语言"区域的语言来传播美国的意识形态。美国意识到"技术革命提供了意想不到的机会，也提供了广泛接触从前大多数人无法接触到的想法和产品的机会。"[15] 因此，美国认为，现在是改善国家外语能力的最佳时机，他们试图制造更多、更为有效的"语言武器"来传播美国的声音。据

"美国之音"估计，中国大陆有上千万人收听"美国之音"的英语节目。如果美国有足够的汉语人才，通过大众传媒来传播美国的声音，在中国，理论上的受众将是13亿，而不是一千万。汉语作为"语言武器"，其"杀伤力"远远超过英语。这一点，美国政府的企图是非常明显的。美国前国会议员里奇·莱兹奥曾经说过，全球化并没有带来英语的全球化，全球化也没有带来全球文化的美国化。美国出口更多的是产品外壳，使用美国产品的国家往往是"新瓶装旧酒"，在美国产品中灌注的是他们自己的文化。[16] 由此可见，美国利用"语言武器"的重要使命，就是希望在输出美国制造"产品"的同时灌输美国文化，推销美国的文化和意识形态。

第三，美国国家语言战略的实施，将大大提高信息情报机构的信息收集和分析能力，尤其是美国"国家旗舰语言项目"中的"汉语旗舰项目"将在各个领域培养精通汉语的信息情报人员，目标直指"关键语言"区域的信息情报收集和分析。语言屏障的消失，将对我国国家安全带来巨大的威胁。"9·11"事件使美国认识到"语言武器"的重要性。当恐怖主义分子向美国发起攻击的时候，由于语言障碍，美国毫无准备，处于极为被动的地位。"9·11"事件的教训促使美国立即采取措施，改善国家的外语和文化能力。然而，美国赋予"语言武器"的特殊"使命"将对"关键语言"国家的安全构成威胁。

三、我国语言战略研究的现状

经济的全球化为语言文化走向世界带来前所未有的契机。世界各国，特别是欧美大国纷纷制定本国的语言战略。而我国关于国家语言战略研究，特别是对外语言战略的研究严重滞后。这种状况将使我国在全球化竞争中处于极为被动的地位。造成这种现状的原因主要有以下几个方面：

1. 国家没有专门的语言战略研究机构，没有国家语言战略研究的专门人才，因而对国家语言战略，特别是在全球文化竞争背景下的对外语言战略研究几近空白。"9·11"事件后，美国立刻意识到国家语言战略对美国国家安全的重要性，因此，全美语言大会的白皮书强烈建议美国总统在联邦政府中任命一名"国家语言专家"作为主席，组成"国家外语合作委员会"来研究和制定国家语言战略，并负责协调和监督各州和地方政府对国家语言战略的实施。然而，我国一直缺少一个以语言专家为核心的语言战略研究机构，缺少一个统一的语言规划管理机构协调和监督国家语言战略的制定和实施。

2. 国家语言战略研究滞后使我国语言文化安全面临新的考验和挑战，同时，国家又缺少预防威胁国家语言文化安全的应对策略和预警机制。这说明我国在迅猛的全球化浪潮面前缺少足够的思想准备。试想，如果"9·11"事件发生在中国，我们是否也会像美国那样，面对恐怖主义的袭击而束手无策？美国"亡羊补牢"，制定了学习"关键语言"的外语政策，以保卫美国的国家安全。中国虽然是英语学习的大国，但对那些对中国具有战略意义的"关键语言"却没有制定相关的外语政策和国家语言战略，也没有建立预防威胁国家语言文化安全的突发事件的预警机制和监控机制。

3. 国家语言与文化安全问题是国家安全研究领域的一个新课题，由于研究的滞后，我们对语言文化安全对国家的稳定繁荣的战略意义缺乏深刻的认识。对域外语言文化对我国语言文化危害和侵蚀的现实认识不足。经济全球化伴随而来的是文化全球化，世界霸权国家必然凭借其语言与文化的优势对世界各国的民族语言文化带来威胁。信息技术的革命和网络技术的发展使美国看到了机遇和挑战。美国可以利用网络和信息技术，实现"即时的、全球信息系统和媒体的覆盖"。这种现实性对美国来说是机遇大于挑战，对中国来说则是挑战大于机遇。但是，我们对这种挑战和机遇都缺乏足够的认识。

4. 语言政策与规划研究缺乏全球化意识和国际视野，国家对重大语言战略问题关注不够，缺少宏观的政策性研究。这种现状，一方面使我们在全球化浪潮面前缺少足够的理论准备和应对策略，另一方面，面对国内的重大语言问题缺少有力的政策引导，甚至出现失语。

如民族地区的双语教育政策问题，中小学是否实行双语教学问题，港澳地区的"两语三文"等问题。在这些问题的政策研究和理论探讨上，我们还缺少国际视野，缺乏全球化意识和竞争意识。

四、对策与建议

面对上述挑战，我们认为，国家必须采取有力措施，加快国家语言战略，特别是国家对外语言战略研究的步伐，加强国家语言文化安全对策研究，维护国家安全，防患于未然。

1. 国家应该尽快建立国家级语言战略研究机构，组织专业研究人员，加快研究和制定中国语言发展战略。中国语言战略研究应该高屋建瓴，充分借鉴世界各国，特别是美国和欧盟及其成员国国家语言战略研究的经验，建立面向世界的全球化语言战略。中国必须面对全球化的挑战，站在全球化的高度来制定国家对重大语言战略问题的相关政策，必须以高度的竞争意识来制定国家的对外语言战略。

2. 国家应该尽快建立语言文化安全预警机制和监控机制，加强国家语言文化安全研究，预防威胁国家语言文化安全的突发事件，做到防患于未然。以保证国家的语言文字的主导地位不受侵害，保证国家和民族的文化安全不受外来文化的侵蚀和渗透。特别要加强网络、信息和大众媒体以及语言传播中的意识形态的渗透的监控和预防。

3. 中国是英语学习的大国，英语作为国际通用语言对中国走向世界具有重要的战略意义。但是，在构建多语、多元文化和谐世界的进程中，除了向世界推广汉语之外，我国有必要确定对中国具有战略意义的"关键语言"，制定相关的外语政策，培养精通国家需要的"关键语言"人才。这对中国走向世界，构建多元文化和谐世界是至关重要的。

4. 国家应该制定明确的语言战略，提高国民的全球化意识和参与世界竞争的意识，鼓励公民终身学习外语，把掌握外语和多语能力作为我国公民参与世界竞争应该具备的基本素质。只有不断加强我国公民的全球化意识和竞争意识，我们的国家和民族才能避免在全球化浪潮中被边缘化的危险。

令人欣慰的是，《国家语委语言文字应用科研工作"十一五"规划》提出了我国开展国家语言战略研究的构想。该《规划》指出，语言战略是国家发展战略的有机组成部分。我国当前语言生活正快速发展变化，语言生活中各种矛盾凸显，社会需要提供语言服务的类型与方式与日俱增，虚拟空间迅猛拓展，汉语走向世界的脚步空前加快，争取国际话语权正成为民族的自觉意识。《规划》因此提出，"此种情况下，我国必须及时研究宏观语言战略，设计落实语言战略的行为计划，提出应对重大语言问题的科学预案。"[17]

进入 21 世纪以来，一些有识之士亦对我国的外语教育规划与政策提出了真知灼见。刘利民先生就是其中之一，他在《科学规划外语教育，切实服务国家战略》一文中首先分析了在当今全球化大背景下科学规划我国外语教育的必要性和重要性，然后提出了科学规划外语教育以切实服务于国家战略的五点意见：

> 1. 以人为本，统筹兼顾，全面规划。
>
> 科学认识外语教育的地位，对各语种在大中小学开设的范围应培养的学生数量等进行合理的统筹，制定统一连贯的外语教育标准，协调和统筹各个层次的外语教育，实现外语人才在市场规律和宏观调控相互作用下的动态平衡……外语教育的规划要以人为本，适度适量，高质高效。
>
> 2. 充分利用地缘优势，建立外语重点发展区。
>
> 根据区域发展和社会需求，结合人才培养目标，实现区域性重点语种发展、关键性语言大中小学"一条龙"教育模式。……如在东北三省重点发展俄语教育，在西南边疆重点发展东南亚国家语言的外语教育（在西北地区重点发展阿拉伯语、波斯语教育——笔者）等。这既有天然的地缘优势，也有深厚的文化环境，不失为推进外语教育特色发展的有效措施。

3. 重视外语人才国际竞争与合作意识等能力的培养。

外语教育的最终目标是通过实现人的国际化为我国社会经济发展提供强有力的智力支持。当今的外语人才不仅要具有扎实的专业技能，还要具有国际竞争与合作的经验，良好的交往能力和开放的心态、广阔的视野。

4. 加强对外语人才的汉语及民族文化教育。

理解其他民族和被其他民族理解才能够增强国家安全，这是在外语教育中加强汉语及民族文化教育必要之所在……可以说，外语教育和汉语的国际推广既是中国走向世界的有机环节，也是世界拥抱中国的必然之路。

5. 实现外语教育多元化，兼收并蓄世界文明。

外语教育要实现"大语种"与"小语种"的和谐发展，不能顾大弃小……以实现外语教育的"百花齐放"。实现外语教育多元化，不但能彰显一个大国的风范，更能兼收并蓄各国先进文化，推动世界文明的共同进步。

科学规划外语教育，就要……以提高国民素质为出发点，以服务国家战略为目标，综合考虑社会发展需求和外语人才培养特点，实现人才培养战略与满足社会需求的有机统一。只有这样，才能做出具有战略性的、前瞻性的、科学、合理、有效的，并真正服务于国家战略的外语教育总体规划。[18]

贾爱武先生在简要回顾了美国外语教育政策历史沿革之后，亦对我国外语教育政策新战略提出了四点思考：

1. 外语教育政策应该服从国家安全战略。
2. 外语教育战略规划要保证国家经济可持续发展。
3. 加大基于政府语言战略的外语教学改革。
4. 保持汉语的纯洁性，加强汉语的国际传播力度。[19]

除了专家学者的积极探讨外，我国政府有关部门也有了官方行为。2005 年 8 月，国家教育部主办了中国首届"语言与国家"高层论坛，主题是教育领域的语言问题，并就如何通过语言研究、语言教学和语言文字工作来增强国家安全等论题展开探讨。这一年恰巧为美国的"语言学习年"。高层论坛的举办标志着我国政府认识到，当前国家语言政策的修订一定要从加强国家安全的战略高度来规划。此外，教育部还在有关高校批准成立了"中国外语战略研究中心"等学术机构，专门从事这方面的研究。近年来，"孔子学院"在全世界的遍地开花正成为我国推进汉语和中国文化国际传播的主要通道。国家语委在"十一五"规划中已着手开展国家语言战略研究，相信其"十二五"规划将会有更全面、合理的考虑和部署安排。

但总的感觉是，我国对语言政策与语言规划的研究缺乏全球化意识和国际视野；国家语言战略研究，特别是对外语言战略的研究严重滞后，致使国家在全球化竞争中处于被动地位。进入 21 世纪以来，发生在世界范围内的一些文化冲突和民族矛盾又使我们对民族文化融合和双语教育问题有了新的思考，这对国家语言政策的修订和规划又提出了新的课题。"中国与美国的过去和现在不同，但两国共处于一个共时世界中，面向一个共同的未知但可创造的未来。"[20] 美国席卷全国的具有历史连续性的语言政策的制定与实施，特别是外语教育政策的实施，均凸显了以国家自身安全和国家持续繁荣、稳定为取向的战略性特征。事实上，世界上许多国家的语言政策都贯穿着国家安全的战略考虑，包括政治、经济、军事、文化和外交等安全。他山之石，可以攻玉。分析借鉴他国经验，诸如美国经验，来启发、完善我国语言战略和语言文化安全对策的制定也不失为一有利之策。我们一定要在借鉴他国经验的基础上，解决好经济全球化、文化多元化背景下的语言问题，即母语的地位问题、外语教育问题、少数民族语言的活力问题和宏观语言政策问题，保持国家的语言生态平衡和国人的语言心态平衡，构建科学的、长远的国家语言战略并加快实施的步伐，为国家经济社会的全面、和谐与可持续发展服务，从而有利于加强民族团结，维护国家稳定，保障国家安全。这正是本课题研究的目的和意义。

注释：

1. Davie S. C. Chu (2005). *A Call to Action for National Foreign Language Capabilities*. In the White Paper of The National Language Conference held in June, 2004.

2. Davie S. C. Chu (2005). *A Call to Action for National Foreign Language Capabilities*. In the White Paper of The National Language Conference held in June, 2004.

3. Bush (2006) Remarks to the US. University Presidents Summit on International Education.

4. Executive Summary in the White Paper of The National Language Conference held in June. 2004.

5. White Paper (2005). *A Call to Action for National Foreign Language Capabilities*. In the White Paper of The National Language Conference.

6. Casey Aden-Wansbury (2005). Lieberman, Alexander Introduce Bill to Improve U.S. -China Relations.

7. Rush Holt (2003). Introduction of National Security Language Act. Cited from Congressional Record: 9, 2003.

8. Robert A · Scott (2005). The White Paper of National Language Conference, released in February, 2005.

9. Rich Lazio (2004). National Language Conference: A Call for Action.

10. 美国在"国家安全语言倡议"中提出的旨在培养高水平军事情报人员外语能力的项目。

11. Bush (2006). Remarks to the U.S.University Presidents Summit on International Education.

12. The White Paper of National Language Conference, released in February, 2005.

13. 最初的"国家旗舰语言项目"包括4种关键语言，即阿拉伯语、汉语、韩语、俄语。后来增加了印第语、日语、波斯语和土耳其语。参见 National Flagship Language Initiative (NFLI): Addressing National Need for Language Proficient Professionals.

14. 参见《江南时报》2006 年 1 月 8 日第 15 版。

15. The White Paper of National Language Conference, released in February, 2005.

16. Rich Lazio (2004). National Language Conference: A Call for Action.

17. 吴晶，我国"十一五"时期将开展国家语言战略研究，《光明日报》，2007 年 5 月 18 日。

18. 刘利民，科学规划外语教育，切实服务国家战略，《光明日报》2009 年 3 月 2 日。

19. 贾爱武，我国外语教育政策新战略思考，《外语界》，2007(5): 91。

20. 同上，第 92 页。

参考文献

Ager, Dennis. *Motivation in Language Planning and Language Policy*. Bristol: Multilingual Matters Ltd. 2001.

Brecht, R. D. & C. W. Ingold. Tapping a National Resource: Heritage Languages in the United States Available. 2002.
http://www.cal.org/resources/digest/0202brecht.html

Broder, R. & E. Welles. Foreign Language Enrollments in United States Institutions of Higher Education. *ADFL Bulletin*, Win. 2000, Vol. 31, (2): 22-29.

Bush, W. George. Teaching Language for National Security and Global Competitiveness: US Department of Education Fact Sheet [DB/OL]. 2006-3-4/2007-7-8.
<http://www.ed.gov/news/pressreleases/2006.html>

Clinton, Bill. *Between Hope and History*. Haikou: Hainan Publishing House. 1997.

Crawford, James. Bilingual Education: Language, Learning, and Politics. *Education Week*, April, 1987.

Crawford, James. Language Politics in the USA: The Paradox of Bilingual Education [OL]. 1998.
<http://ourworld.compuserver.com/homepages/jwcrawford/>

Crawford, James. *Bilingual Education: History, Politics, Theory, and Practice*. Trenton, NJ: Crane Publishing Co. 1989.

Crawford, James. Anatomy of the English-Only Movement [J/OL]. 2000-9-8/2007-5-3. <http://ourworld.Comuserve.com/homepages/jwcrawford/aeom-az.htm.>

Crump, T. *Translation and Interpreting in the US Government 2001.* Alexandria, VA: The American Translators Association. 2001.

Daniel, Jurafsky & H. M. James. Language and the Department of Defense: Challenges for the 21st Century: An Interview with Glenn H. Nordin. Office of the Assistant Secretary of Defense, C31. *NFLC Policy Issues*, Dec. 1999. Vol. 2, (2): 2-3.

Ferguson, C. A. *Language in the USA.* Cambridge: Cambridge University Press. 1981.

Finegan, Edward. *Language in the USA: Themes for the Twenty-first Century*, (ed.) Lily Wong Fillmore. 339-358. *Language in Education*, Vol, 18. Cambridge: Cambridge University Press. 2004.

Headden, S. One Nation, One Language? *U.S. News & World Report*, Sept. 25, 1995.

Holm, W. A Very Preliminary Analysis of Navajo Kindergartners' Language Abilities. Window Rock, AZ: Navajo Division of Education, Office of Din'é Culture, Language and Community Services. 1993. <http://www.nabe.org/press/Clips/clip060005.htm.>

Huebner, T. & A. D. Kathryn. *Sociopolitical Perspectives on Language Policy and Planning in the USA.* Philadelphia: John Benjamins Publishing Co. 1999.

Huntington, Samuel P. *The Clash of Civilizations and the Remaking of World Order.* New York: Sion & Schuster. 1996.

Kennedy, J. & J. Newcombe,"基督教对教育的贡献", <http://www.ccgn.nl/ft-book/rgmyys/chapter05.html>

Kibbee, Douglas. *Language and Linguistic Rights.* Illinois Publishing House. 2003. 3.

Lamin, Richard D. Bilingual Education—Colorado Alliance for Immigration Reform [OL]. <http://www.Cairco.org/language/language.html.>

Leistyna, Pepi. Scapegoating Bilingual Education: Getting the Whole Story from the Trenches. *Bilingual Research Journal.* Washington: Summer 2002. VOl. 26, (2): 2.

Lerner, Marx. *America as a Civilization.* New York: University Press of America. 2002. 920.

Mujica, Mauro E. Why the US Needs an Official Language. *The World & I.* Washington: Dec. 2003. VOl. 18, (12): 36-39.

Net 2. http://www.mal.org/map. March 8, 2008.

Phillipson, Robert. English Language Spread Policy. *International Journal of the Sociology of Language*, 1994, (107): 7-24.

Riggs, S. R. *Mary and I: Forty Years with the Sioux.* Chicago: W. G. Holmes. 1880.

Rothkopf, David. In Praise of Cultural Imperialism. *Foreign Policy*, 1997, (2): 45.

Schildkraut, Deborah J. Press One for English. *Language Policy*, 2003, (4): 210-212.

Schiffman, Harold F. *Linguistic Culture and Language Policy.* London: Routledge. 1996. 211.

S.E. 佛罗斯特著，吴元训等译，《西方教育的历史和哲学基础》，北京：华夏出版社，1987。

Spolsky, B. *Language Policy.* Cambridge: Cambridge University Press. 2003.

Spring, Joel. *American Education.* New York: McGraw-Hill. 2006.

Tatalovich, R. & B. W. Daynes. *Moral Controversies in American Politics: Cases in Social Regulatory Policy.* Armonk, NY: ME Sharpe. Inx. 1998. 197.

Title VII—Bilingual Education Programs, in Public Law 95-561-NOV. 1, 1978, p.2268-2269, September 21, 2005. <http://web.lexis-nexis.com/universe/attachment/a.pdf?>

Title VII—Bilingual Education Programs, in Public Law 98-511-OCT. 19, 1984, p.2272, September 21, 2005.

<http://web.lexis-nexis.com/universe/attachment/a.pdf?>

Weaver, Nancy. A Call to Action for National Foreign Language Capabilities [EB/OL]. 2006-5-16/2008-2-28. <http://www.nlconderence.org/docs/whitepater.pdf.>

Wiley, T. G. *Literacy and Language Diversity in the United States*. McHenry, IL, and Washington, DC: Delta Systems and Center for Applied Linguistics. 1996.

Wright, S. *Language Policy and Language Planning: From Nationalism to Globalization*. Edinburgh: Edinburgh University Press. 2006.

Wright, Sue. *Language Policy and Language Planning*. New York: Palgrave Macmillan. 2004.

布托·布托一加利，"多语化与文化的多样性——在接受南京大学名誉博士学位仪式上的演讲"，《南京大学学报》，2002(3)。

蔡昌卓，《美国英语史：美国英语融合与创新的历史研究》，北京：北京大学出版社，2002。

蔡永良，"二十世纪末的美国唯英语运动"，《读书》，2002(1)。

蔡永良，《美国的语言教育与语言政策》，上海：上海三联书店，2007。

蔡永良，《语言教育同化：美国印第安语言政策研究》，北京：中国社会科学出版社，2003。

丹尼尔·布尔斯廷著，时殷弘等译，《美国人：殖民地的经历》，上海：上海译文出版社，1989a。

丹尼尔·布尔斯廷著，谢延光等译，《美国人：建国的经历》，上海：上海译文出版社，1989b。

丹尼尔·布尔斯廷著，中国对外翻译出版公司译，《美国人：建国历程》，北京：三联书店，1993b。

丹尼尔·布尔斯廷著，中国对外翻译出版公司译，《美国人：开拓历程》，北京：三联书店，1987。

丹尼尔·布尔斯廷著，中国对外翻译出版公司译，《美国人：开拓历程》，北京：三联书店，1993a。

邓蜀生，《美国与移民：历史、现实、未来》，重庆：重庆出版社，1990。

芳贺纯［日］，崔吉元译，"双语教育的必要性"，《汉语学习》，1982(1)。

黄安年，《美国的崛起》，北京：中国社会科学出版社，1992。

黄毅，"美国的双语政策和双语教育"，《民族教育》，1989(4)。

胡明勇，雷卿，"中美语言政策和规划对比研究及启示"，《三峡大学学报》，2005(6)。

贾爱武，"我国外语教育政策新战略思考"，《外语界》，2007(5)。

卡罗尔·卡尔金斯著，邓明言等译，《美国文化教育史话》，北京：人民出版社，1984。

雷·艾伦·比林顿著，周小松，周帆，周镜译，《向西部扩张：美国边疆史》，北京：商务印书馆，1991。

李剑鸣，《文化的边疆》，天津：天津人民出版社，1994。

李其荣，《美国文化解读》，济南：济南出版社，2005。

李勤岸，《美国的语言政策》，《各国语言政策学术研讨会论文集》，台北：前卫出版社，2002。

刘利民，"科学规划外语教育，切实服务国家战略"，《光明日报》，2009年3月2日。

刘萍，"浅谈美国的双语教育"，《学科教育》，2002(2)。

刘苏里，纳撒尼尔·菲尔布里克著，李玉瑶，胡雅倩译，《五月花号：关于勇气、社群和战争的故事》，北京：新星出版社，2006。

刘绪贻，杨生茂，《美国通史》（第二卷 美国的独立和初步繁荣1775—1860），人民出版社，2002。

刘艳芬，周玉忠，"美国 20 世纪语言政策述评"，《山东外语教学》，2007(5)。

马戎，"美国的种族与少数族群问题"，《美国文化与社会十五讲》，北京：北京大学出版社，2004。

钱皓，《美国西裔移民研究——古巴、墨西哥移民历程及双重认同》，北京：中国社会科学出版社，2002。

钱满素，《美国文明》，北京：中国社会科学出版社，2001。

史静寰，《当代美国教育》，北京：社会科学文献出版社，2001。

滕大春，《美国教育史》，北京：人民教育出版社，1994。

温斯顿·丘吉尔著，薛力敏等译，《英语民族史 II》，海口：南方出版社，2007。

温斯顿·丘吉尔著，薛力敏等译，《英语民族史 III》，海口：南方出版社，2007。

吴剑丽，"美国的语言文化倾向与双语教育政策"，《湖南师范大学教育科学学报》，2004(5)。

吴剑丽，袁锐锷，"试析美国双语教育政策的演变"，《比较教育研究》，2003(6)。

吴剑丽，袁锐锷，"美国对双语教育有效性论争及其启示"，《广东外语外贸大学学报》，2004。

熊沐清，张弘，《美国简史》，长春：吉林摄影出版社，2004。

颜治强，《世界英语概论》，北京：外语教学与研究出版社，2002。

余惠邦，《双语研究》，成都：四川大学出版社，1995。

余志森，《美国史纲：从殖民地到超级大国》，上海：华东师范大学出版社，1992。

杨寿勋，《官方语言 移民语言与土著语言问题：美国语言政策研究 国家民族与语言》，北京：语文出版社，2003。

杨永林，《社会语言学研究：功能·称谓·性别篇》，上海：上海外语教育出版社，2005。

中国社科院民族研究所课题组,《国家、民族与语言——语言政策国别研究》,北京:语文出版社,2003。

张友伦,"美国印第安人历史研究中应当澄清的几个问题",《南开学报》,1999(5)。

周瓦,"从不同的语言观看美国双语教育之争",《比较教育研究》,2005(8)。

周玉忠,"美国的语言政策及双语教学简述",《语言与翻译》,2002(4)。

周玉忠,王辉,《语言规划与语言政策:理论与国别研究》,北京:中国社会科学出版社,2004。

后　记

　　21世纪的头十年已经过去了，转眼2011年又到岁末了。屈指一数，这11年中的后5年里，或者说"十一五"期间，我好像就做了这么一件事。2011年8月，全国哲学社会科学规划办公室公布了当月全国社科基金项目结题验收结果，我们主持完成的这个课题通过了结题验收，并获得成果鉴定的优秀等次。这个好消息，使得课题组成员倍受鼓舞！而我除了高兴，更多的感觉是如释重负。时下的高校，没有课题有压力，有了课题也有压力，总担心做不好，不能按时结题。总之，有课题和没课题，日子都不好过，尤其是我们这些大学老师。我主持的这个课题2006年6月批准立项，2009年6月按期完成，2009年7月申请结题，2011年1—3月根据专家的意见又做了些修改补充，2011年8月通过了结题验收。课题做了3年，结题用了2年，共计5年时间，可谓不易！不过，欣慰的是总算结题了，并且得到了专家的认可，获得了优秀，这是课题组全体成员共同努力的结果，也算是对大家辛勤劳作的回报。好在我们课题组力量搭配合理，大家心也齐，几位年轻人都能吃苦，能坐得下来。五个春秋。五易其稿，同心协力，才有目前即将付梓的成果。今天校完出版社责编寄来的三校清样，我在深感释然的同时，觉得还想写上几句，心情才能平静。

　　除了花5年时间完成一项课题后产生上述感受外，想一想我们"语言规划与语言政策研究所"自2005年成立以来的研究成果也使我们感慨系之。作为一个院级研究所，既无专门研究经费，又无专门研究人员，也无固定办公场所，只有挂在院楼门口的研究所牌子，属于"三无"所。除了我和王辉作为名义上的正、副所长外，其余几位都是凭兴趣、凭志向加盟来的，纯属散兵游勇，志愿小分队。但出人意料的是我们居然取得了不俗的成就：迄今为止，共申请到2项国家社科基金课题，2项省、部级课题；出版一本《澳大利亚语言政策研究》，一本《美国语言政策研究》，此前出版的《语言规划与语言政策：理论与国别研究》一书已作为几所著名大学相关博士生的必读书，目前书市告罄。发表论文十余篇（核心），培养"语言政策"研究方向硕士研究生近10名，他们的硕士论文分别探讨了南非、印度、加拿大等国语言政策及语言生态研究，这在国内高校较为少见。今年王辉又申请到国家语委课题"'金砖五国'语言规划与语言管理体制比较研究"。其他几位青年教师，通过合作搞课题，科研能力大有提高，现在个个都很有出息，李文军今年自个儿申请到了国家社科项目，刘艳芬在《外语学刊》等刊物发表了几篇有见地的论文，她和巨静去年都拿到了省级科研课题，范玲娟今年赴英国读博去了……这一切均出自我们这个"皮包"研究所。确实有些料想不到！但生活就是这样，正是这些出乎意料的事才使生活有意义、有意思。其实，我研究美国语言政策，也是无心插柳。如前言所述，我本是研究英美文学与翻译的，但在美国访学期间，却邂逅了美国的语言政策这个题目，此后兴趣渐生，做了点探讨和研究，遂有了以上说到的课题和目前的这本小书。

　　最后，感谢外语教学与研究出版社出版我们的研究成果。

周玉忠

2011 年 12 月 7 日